한 무용인의 사색

한
무용인의
사색

장정윤 지음

몸과 예술,
삶을 잇는
사유의 기록

맑은샘

CONTENTS

Prologue "그 해 무용 앞에서" ·········· 7

01 순수무용 ·········· 10

02 몸과 춤의 세계 ·········· 20

03 무용의 경험과 창작 ·········· 46

04 COVID-19 이후의 창조적 사고 ·········· 56

05 무용수의 몸 관리 ·········· 78

06 무용인의 행복론 ·········· 96

07 해방 직후 부산지역 현대무용의 형성 ·········· 112

08 로고현대무용단의 활동과 시대적 의미 ·········· 164

Epilogue "자신의 중요함을 탐구한다" ·········· 192

PROLOGUE

"그 해 무용 앞에서"

　　밤바람 속의 달빛에 비친 가로수 몇 그루를 보았다. 그것은 내일 밤도 여전히 아름답겠지만, 이 순간의 그 아름다움은 아닐 것이다. 그것은 나 자신의 영혼에서 나오는 아름다움이다. 내가 바라봐 줄 때만 내 안에서 빛을 발하는 그런 아름다움이다.

　　몇 해 동안 도서관에만 틀어박혀 지내던 생활을 뒤로하고 병원의 사람들 가운데로 들어선 것은 작년 가을이었다. 내 몸을 위해 필요한 결정이었지만 혼자 지낼 때는 경험하지 못했던 사람들과의 활기찬 순간들을 마주하게 되었다. 무르익은 가을의 새벽, 나는 머지않아 그곳과 작별하고 집으로 돌아가게 될 날을 은근히 걱정하며 창밖의 가로등을 바라보고 있었다. 그 순간은 철저하게 소박하고 고독한 삶에 익숙했던 내가, 그동안 누려온 편리함을 뒤로하고 다시 마주해야 할 두려움과, 지난날 책을 읽고 쓰며 어려움을 극복해 왔던 인내를 다시금 떠올리는 시간이기도 했다.

　나는 무용 작품에서든 삶에서든 서로 반대되는 이중적 성질을 표현하는 것이 조화의 아름다움을 발산한다고 믿는다. 그런 표현 방식은 단순히 섞이거나 변형되는 것이 아니라, 서로 반대되는 성질이 균형을 잃지 않고 동등하게 드러나며 긴장감을 유지한다. 이중성의 긴장감에는 합일되지 않으면서도 합일성을 상기시키는 양극성을 오감으로 느낄 수 있다는 장점이 있다. 밝음과 어둠, 속세와 신성, 아름다움과 추함 등 순간적으로 대립하면서 공존하는 감각을 말한다. 그중에서도 유독 마음속의 어두운 명령을 따라가며 나는 밝은 희망의 글쓰기를 놓치지 않는다.

　내 시계를 돌아가게 하는 글쓰기의 생명력은 '계속 시도하는가'의 여부에 달려 있을 뿐이며, 누구의 관심 대상인가는 중요하지 않다. 이 책은 내 삶의 변화를 과감히 받아들이고 생명을 체험하는 데에 시간을 바치는 과정을 기록하기 위한 것이다. 누군가는 쉽게 이해하고 공감하면서 각기 다른 삶의 의미를 돌아볼 수 있을 것이다. 삶의 어떤 가치를 추구할 때도 마찬가지다. 그렇게 된다면, 작든 크든 의미 있고 올바른 일을 이루게 될 것이다.

　이 책엔 최근 무용인의 한 사람으로서의 나의 사색과 변화된 양상을 담은 글이 다수 포함되어 있다. 무용하며, 그 너머의 삶을 살아가는 데 필요한 과정으로 여겨지는 글들을 소개하려 하였다. 나 자신은 물론 무용을 숙고하는 사람들에게도 참고가 될 만한 내용들을 엮었다.

01장에서는 '순수무용'을 주제로 무용의 본질을 탐구하였으며, 02장에서는 몸과 춤을 주제로 필자가 겪은 내적 성찰을 여섯 가지 측면에서 서술하였다. 03장에서는 무용을 경험한다는 것이 어떤 의미를 갖는가에 대해 그리고 마리 뷔그만(Mary Wigman)의 창작과정에 대한 글을 통해 독자가 보다 쉽게 무용작품의 탄생에 관해 이해할 수 있도록 기술하였다.

04장에서는 COVID-19 시기와 연관된 작품과 무용 메시지 등을 토대로 창조적 사고에 관해 주관적으로 통찰하였다. 05장에서는 무용 전문인이 되기 위해 훈련하고 성장하고 활동하는 과정에서, 일상적으로 몸과 마음을 어떻게 관리하는 것이 바람직한지에 대한 지침과 필자의 경험을 담았다. 06장에서는 아리스토텔레스의 이론과 무용 현장에서의 경험을 바탕으로, 무용인의 행복이 어디에서 비롯되며 그것이 어떤 의미를 가지는지에 대해 분석하였다.

07장과 08장에서는 2024년부터 2025년 사이에 완성된 두 편의 논문을 소개하였다. 지역사회 현대무용 연구와 발전을 위해 참고할 수 있는 내용이라 생각된다.

01 순수무용

나의 무용에서 가장 중요한 것은 몸이다. 몸에서 주제가 출발하지 않으면 그 무용은 의미를 상실한다. 상징성이 강하고 난해하며 재미없게 보일지도 모르는 나의 무용에 대해 일반 관객들은 '관념적이고 무겁다'고 평한다.

내가 선택하는 움직임은 시대적 감성이나 예술 분위기와는 동떨어져 있어, 누구와도 소통할 수 있는 사회적 측면에서는 다소 뒤떨어지는 경향이 있다. 그래서 무대 공연으로 인기를 얻고 관객의 흥미를 유발하기가 어렵다.

나는 '근육적 관념'이라는 용어를 강조하며 이를 자각하기 위해 많은 노력을 기울인다. 그런 자각은 움직임에 대한 끊임없는 탐구에서 온다. 신체 내부에서 우러나오는 근육적 관념을 이해하려고 노력한다. 움직이는 몸 곳곳에 있는 근육에서 비롯된 감각의 표상이 무용의 정직성을 대변하고 있기 때문이다. 그런 움직임의 진솔함은 대개 거칠고 직접적이며 충동적이어서 진부하고 습관적인 동작의 세련됨과는 비교할 수 없을 정도로 새롭다. 작품 안무에서 움직임이 표현적인 기술을 동반할 때까지는 많은 시간과 노력이 필요하다.

h현대무용단의 요청으로 〈섬무리'87〉을 안무하여 서울 문예회관에서 공연한 적이 있다. 그때 작품 주제의 내부 지향적 성격 때문에 완성되기까지 많은 시련을 겪었다. 안무 초기에는 내가 의미하려는 바대로 신체 움직임이 주된 매체였다. 그다음으로는 분위기나 생각을 전달하기 위해 새로운 동작과 동작절의 움직임을 찾고, 동작 순서를 정하며, 발전, 반복, 대조 등을 사용했다. 이 동작들은 다양한 각도에서 자연주의적이거나 문학적인 요소를 배제했다. 추상무용을 지향한 것이다.

문학적 내용을 다루는 무용의 대부분은 공연 팜플릿의 작품 내용이나 제목을 통해 관객에게 무용이 전달하려는 메시지, 작품이 다루고 있는 현실적 문제, 물체와 존재 등을 유추할 수 있도록 한다. 그러나 작품을 창작하거나 마주하는 순간, 이러한 요소들이 본질적으로 중요한 것이 아닐 수도 있음을 깨닫게 되는 경우가 있다. 무용이 단순한 이야기 전달이 아니라, 나의 감각이요 시각적 이미지, 즉 하나의 인상이라는 것을 깨닫게 될 때이다.

1950년대 이전 현대무용가들은 무용의 주제를 어디에서 찾을 것인가를 중요하게 여겼던 반면, 1950년대 이후 탈현대무용가들은 새롭거나 이질적인 요소, 혹은 혁신적인 방식을 통해 기존의 작품 방식과 내용에서 의도적으로 벗어나려는 경향을 보였다. 사실, 1910년대 이후부터 무용을 포함한 모든 예술은 '예술은 새로워야 한다'는 것, 기존 방식을 답습하지 않으려는 움직임을 이미 경험해 왔다. 오늘날 공통점이 없는 이질적인 요소들의 결합이나 다양한 장르 간 협업은 이러한 1910년대 이후의 흐름과 맥락을 함께 한다고 볼 수 있다.

1944년 최초로 개인 창작 발표를 개최한 머스 커닝햄(Merce Cunningham, 1919-2009)의 순수무용은 현대무용의 기존 상식을 뛰어넘는 주제를 다룰 뿐만 아니라, 전통적인 방식과는 완전히 차별화된 작품 구성으로 당시 관객들에게 신선하게 다가왔다.

그의 무용은 이야기의 전달, 즉 구체적인 서사를 강조하는 마사 그레이엄(Martha Graham)의 무용 양식에서 벗어나려는 의도를 반영한 작품 방식을 선보였다. 그 후 그의 작품에 보이는 동작 자체는 다양한 도구를 이용해 개발된다. 그러나 이러한 동작들은 기존의 발레, 현대무용, 재즈 등 어떤 무용동작과도 거리가 멀게 느껴지지는 않는다. 특히 라이폼(Liform) 프로그램을 활용한 컴퓨터 안무 작품도 다수 등장했지만, 동작과 동작을 연결하는 과정에서는 숙련된 무용수의 신체적 역량이 필수적인 동작 구조와 그것의 구성이 복잡하고 난해한 경우도 많았다. '무엇을 표현한 것인가'라는 문제는 추상 예술 양식에서 경험했듯이 작가의 세계를 기반으로 이해해야만 그 해독이 가능하다. 커닝햄의 많은 작품에서 '무엇에 대한 무용인가'가 명확하지 않은 것은 우리가 순수무용의 작품 방식과 그의 신념을 충분히 이해하지 못하고 있기 때문이다.

안무자 또는 감상자의 개인적인 감각과 주관이 동작

자체에 집중될 때, 동작의 힘과 그것이 만들어내는 가상의 형태에 매료되거나, 심리적 혹은 형이상학적 관념과 연결된 관계성을 발견하는 순간이 찾아오기도 한다. 정적이거나 동적인 신체 동작이 만들어내는 선들의 교차, 무대 바닥과 신체 동작이 이뤄내는 무수한 공간 패턴 등은 보는 사람의 시각에 의존하여 창조된 시각적 이미지들을 형성하며, 그 의식은 지각의 과정을 거쳐 경험을 기억하고 되새기게 만든다. 다시 말해, 추상무용을 이해하는 데 있어 인간의 정신적 개입이 중요한 역할을 한다는 의미다. 음악이 멜로디와 리듬으로 감동을 주고, 미술이 색채와 형태로 감정을 자극하는 것과 같은 맥락에서 추상무용은 움직임의 형태와 느낌, 리듬으로 마음의 문을 두드린다.

　커닝햄은 인간의 보편적인 감정이나 정신, 관념, 상상의 세계를 서사 없이 동작 자체로 직접 표현한다. 예를 들어, 상상의 다채로운 세계를 동작으로 형상화하여 발전시키고 선보이며, 그것을 단순히 '보여주기 위한 것'이 아니라, 감각적으로 경험하도록 유도한다. 안무자와 감상자의 정신을 기반으로 무용의 본질적 요소들이 극대화될 때, 그 무용은 순수한 아름다움을 드러낸다.

　커닝햄은 오직 무용에만 관심을 두었고, 자기표현이나 자아, 힘 등은 그의 무용과 관련이 없다고 보았다. 이러한 신념은 불교와 선(禪) 사상이 중시하는 지속적이되 그것 자체가 목적은 아닌 태도와 입장을 반영한다. 동양에서 공간이 둥글게 개념화되듯이, 무용을 결과가 아닌 과정으로 이해하게 만드는 힘은 커닝햄 무용의 고유한 특성이다. 그는 동양적 사유를 위해 스즈키 다이소츠 등의 일본인 학자를 비롯해 선과 철학 문헌을 통해 동양에 접근하였고, 이를 통해 무용인뿐만 아니라 무용의 독창적인 실천 방법을 소개한 바 있다.

"동양적 사고는 세계와 영적 세계에 대한 훨씬 더 큰 감각을 허용합니다; 예를 들어 당신이 유일한 것이 아니라는 것입니다. 이러한 원인과 결과의 고리는 대부분 어느 곳에서든 강요되는, 아니면 스스로 강요된 자아에 대한 생각과 관계됩니다"[*]

나의 무용을 '순수무용'이라고 하는 이유는 무용의 움직임과 그 아름다움을 보존하려는 의도를 창작의 밑받침으로 두고 있기 때문이다. 순수무용의 온전한 의미는 바로 동작 자체의 무한한 발굴과 아름다움에서 비롯된다. 여기서 말하는 아름다움은 단순한 외형적 미(美)가 아니라, 또 다른 차원의 의식적 경험을 포함한다.

순수무용의 구성 방식 중 특히 흥미로운 점은, 동작 요소들을 결합하는 방식이다. 이는 오늘날 예술뿐만 아니라 다양한 분야에서 보편화된 시대적 흐름이며, 현대 사회의 작업 방식과도 비교할 수 있다. 하지만 무용에서 동작은 살아 있는 무용수의 몸을 통해 정확하게 구현된다. 무용수

---

[*] Jaqueline Lesschaeve, Merce Cunningham, *The dancer and the dance*(Marion Boyars, 1991) p.165. 『무용수 그리고 그 무용: 머스 커닝햄 자클린 레샤에브와의 대화』, 장정윤 역, 교학연구사, 1998. 221쪽.

가 동작을 받아들이고 수행할 때, 그 움직임을 단순히 흉내 내는 것이 아니다. 신체로 옮겨 실행하기 전에 철저한 분석과 과학적 접근을 통해 이해한다는 점에서, 동작은 일종의 정신적 과정과 연결된다고 볼 수 있다.

나는 '정신화'라는 개념보다는, 의식적으로 동작을 철저히 분석한 후 몸으로 수행하는 경험을 중시한다. 순수무용에서 동작은 무의식적이거나 자연발생적인 흐름의 움직임이 아니라, 선명한 의식적 과정이 선행된다. 그리고 동작을 수행하기 전, 이런 명확한 의식의 구조적 작업이 동작을 더욱 구체적이고 명쾌하게 만든다. 커닝햄 테크닉 수업에서는 시공간구성이 복잡하게 디자인된 동작을 수행하는데 필요한 과정을 연습한다. 훈련이 잘 이루어질 경우, 의식과 퍼포먼스가 조화를 이루어, 아무리 복잡하고 긴 동작의 나열이더라도 이를 정신적으로 구조화하여 그 구조체계에 따라 몸으로 구현해내는 숙련된 동작수행 방식을 결과적으로 터득하게 된다. 더 나아가, 동작이 어떻게 이루어지는지, 그리고 어떻게 하면 그 표현을 최대한 끌어올릴 수 있는지를 객관적으로 끊임없이 탐구하게 된다. 이러한 과정이 완성될 때, 비로소 그 무용은 진정성을 갖게 된다.

여러 가지의 무용 테크닉 훈련을 받으면 움직임의 개성이 결여될 수도 있지만, 동작을 다양하게 시도하고 이미 아는 것에서 좀 더 벗어나 볼 수 있다. 미래의 무용이 지금과는 상당히 다른 방식으로 표현될 것임을 염두에 두어야 한다. 순수무용에서는 어떤 내용의 작품을 어떻게 표현했는지에 관계없이, 무용동작 자체만으로 관객에게 충분히 전달되는 것을 중시하며, 관객 자신만의 방식으로 작품을 받아들이길 원한다. 그렇기에 무대 위에서 느끼는 즐거움뿐만 아니라, 연습실에서 오랜 시간 움직이며 느끼는 무용인들의 기쁨은 남다르다.

02

몸과 춤의 세계

이 글은 '몸'과 '춤'의 실존에 관한 문제를 사유해 나가는 과정을 보여준다. 1960년대부터 현재까지의 시대적 흐름에 따라 변화해온 춤의 양상을, 현역 무용인으로서의 나의 생생한 경험을 토대로 단계적으로 고찰한다. 몸의 근본 문제는 무엇인가? 나는 몸을 소유하고 있는 것일까? 몸은 나에게 어떤 의미인가? 그 밖에도 몸에 대한 철학적 사유는 정신과 세계, 나의 몸과 타인의 몸, 그리고 나의 정신과 타인의 정신 사이에서 발생하는 비인칭적 판단에 관한 문제를 던진다. 이 글은 무용인 개인의 관심을 넘어 사회적 관심으로까지 확장되는 '몸'에 대한 현대적 관점과 이해를 도모하며, 몸과 춤에 대해 왜곡되어온 인식을 회복하려는 의도를 가지고 있다.

[1] 몸에 대한 사유의 변화

 철학자들은 인간의 신체적 본질을 종종 오해해왔다. 정신과 육체를 이분법적인 대립 구도로 거론하면서 신체의 물리적 법칙성만을 강조했다. 관념론자들과 합리주의자들은 감각적인 신체를 정신의 기능에 흡수시키거나 아니면

무가치한 것으로 축소해 이해했다. 유물론자와 경험론자의 견해를 계승한 행동주의자도 인간의 신체를 순수하게 물리적 법칙에 따르는 사물의 성질로 왜곡시켰다.

서양 고전 철학에서의 신체 개념은 이성 중심주의의 영향 아래, 신체를 정신에 대한 장애물 혹은 장벽으로 여겼다. 예를 들어 플라톤에게 있어 신체는 감각적인 세계인 '현상계'를 인식하는 수단인 반면, 정신은 이데아의 세계, 즉 진정한 실재를 인식하는 능력이다. 다시 말해, 주된 것은 정신이고, 신체는 그 정신을 담는 그릇으로 보조적인 도구에 불과하다. 신체는 이성의 존재를 근거로 성립된다. 신체는 존재가 아니며 정신은 존재이다.

니체(Friedrich W. Nietzsche)는 몸이 삶의 과정속에서 인식된다고 했다. 그에게 있어 몸(Leib)은 곧 이성이다. 니체는 인간의 사유를 가능하게 하는 이성 가운데 우선적으로 육체적 이성을 강조한다. 이는 '육체로 사유한다'는 표현으로 설명될 수 있다. 정신적 이성은 그보다 낮은 차원이다. 몸은 존재론적 의미에서 삶의 기반이다. 니체는 몸을 통해 사고하고자 함으로써 신체 개념의 새로운 인식을 가능하게 했다. 그에게 있어 몸을 통한 인식의 지평을 넓혔다는 것은 중요한 전환점이었다. 몸은 형이상학적 이분법 체계에서 벗어나 '살아 있는 존재'로서의 몸의 개념, 즉 생동하는 주체로 인식될 수 있었다. 정신의 독립된 지위는 거부되었고 몸과 정신의 이원론에 도전하며, 정신은 몸에 속하는 것이라는 관점이 제시된다.

니체의 이러한 신체 개념은 무용인의 실존 문제를 사유할 수 있는 철학적 토대를 제공한다. 특히 춤이라는 행위의 특성과 관련된 무용인의 실존은, 춤 행위로의 의식적인 참여가 있을 때 도달할 수 있는 영역이다.

메를로-퐁티(Maurice Merleau-Ponty)의 현상학적 신체 개념은 세계와 인간, 그리고 신체 사이의 상호관계성을 중시한다. 살아 움직이는 신체의 지각, 즉 감각의 주체로서 신체를 강조했다. 체현(incarnation), 다시 말해 의식과 육체가 분리되지 않은 존재로서의 몸은, 그 자체로 살아 있는 주체이며 실체라기보다는 관계적 존재에 가깝다.

몸은 인간관계 속에서 형성되는 사회적 존재이다. 몸 자체에 대한 지각을 위해 메를로-퐁티는 '몸의 도식(le schéma corporel)'이라는 개념을 제시한다. 몸의 도식은 몸과 세계, 몸과 타인의 몸, 존재와 존재 사이의 관계 그리고 이들의 상호관계성을 지칭하는 단어다. 이를 통해 신체는 사회학적 탐구 대상, 철학적 인식의 대상으로 새롭게 이해된다. 몸의 도식이라는 현상학적 개념에 비추어 볼 때 신체는 경험의 중심이다.

푸코(Michel Foucault)는 몸이 권력, 지식, 성, 역사 등에서 어떻게 적용되는지 사회적 몸의 개념을 통해 살핀다. 그는 몸을 권력의 작용점이자 주체가 형성되는 장소로 보고 몸의 문제에 접근한다. 푸코에 따르면, 우리 삶은 권력으로부터 결코 자유로울 수 없으며, 권력은 몸을 통해 행사된다. 몸은 통제와 규율의 대상인 동시에, 무한히 변화할 수 있는 사회적 몸이자 사회 구성체의 일부로 작용하는 존재다.

[2] 춤과 몸의 공존

메를로-퐁티는 몸이 세계 속에서 존재함에 있어, 세계와 대등한 중심축이라는 점을 강조한다. 몸의 절대적 중심성을 통해, 몸이 세계를 구성하는 주체이자 중심임을 드러낸다. 춤추는 몸은 단순히 움직이는 도구가 아니라, 대상성과 중심성을 동시에 지닌 존재이다. 몸은 다른 대상들을 인식하고 대상화하는 동시에, 자기 자신을 다시 대상화할 수 있는 주체이기도 하다. 이는 주체성과 대상성이 공존하는 몸이라는 존재론적 입장을 보여준다. 무용수에게 있어 춤과 몸은 분리될 수 없는 실존적 관계에 있다.

무용인에게 있어서 춤의 의미는 몸과 떨어질 수 없다. 메를로-퐁티에 따르면, 춤의 의미는 단순히 지각에 의해 파악되는 것이 아니다. 감각 그 자체에 이미 의미가 내재되어 있다. 그 감각은 실존, 몸이 지시하는 것, 삶, 생명, 그리고 의사소통의 의미 등을 포함한다. 여기서 말하는 감각은 단순한 수동적 반응이 아닌 감각 활동 자체를 의미하며, 이 감각 활동은 춤을 이해하는 데 있어 핵심적인 역할을 한다.

중요한 것은 의사소통의 의미를 언표에 의한 것으로서 보기보다는 선술어적인 것으로 납득할 수 있는 경우가 더 많다는 것이다. 즉 춤의 의미 전달을 하는 데 있어서 언어화된 메시지의 체계보다 감각에 의한 의사소통으로서 그

의미가 좀 더 명확하고 강렬하다. 그리고 이것은 춤이 언어의 논리에서 벗어나 독자적인 감수 체계를 일구어 나갈 수 있는 단서가 된다.

그러나 시간이 흐르면서, 무용의 세계와 춤의 현장은 변화했다. 춤추는 무용인 자신의 몸의 경험이 예전만큼 절실하게 느껴지지 않는다. 오늘날 무용예술은 무엇이 흔들리게 되었나? 무용을 바라보는 사람들은 예전보다 몸 움직임의 형태에 대한 관심이 적어졌다. 몸 움직임이 만들어내는 순수한 형상의 아름다움에 대해 집중하는 대신 무용이 다루는 사회적 문제나 아이디어에 관심을 둔다. 무용이 탄생하던 때의 제의적인 성스러움의 추구보다는 오락이나 유희, 치료 등의 실용적 측면에 더 관심을 기울인다.

이러한 변화는 관객의 관점에서도 드러난다. 과거에는 예술작품을 관조하는 관객이 중심이었다면, 오늘날에는 춤 활동에 직접 참여하는 무용주체로서의 관객의 경험이 더 중요해졌다. 생활 속 예술로서의 무용은 일반인들이 창작하고 움직이는 경험을 통해 예술을 받아들이는 방향으로 변모하고 있다. 모두가 이해하고 즐길 수 있는 예술만을 예술로 간주하는 경향도 이러한 변화의 일부다.

무용인은 보이고자 추는 춤에만 머물 수 없다. 주변에는 춤에 동참하여 춤을 느끼고 싶어 하는 사람들이 늘어났다. 춤을 감상하는 객관적 입장보다는 실천적이고 창의적인 참여자로서 춤을 대하는 이들이 늘어났다. 전문 무용인은 그들과 춤 사이의 매개자의 역할을 수행함으로써 자신이 체험한 춤의 감각적 경험의 세계를 타자와 함께 접하는 일도 가치 있음을 깨닫는다. 무용인의 몸과 타자의 몸은 춤의 세계를 공유하며 서로 소통하는 일이 가능해졌다. 비로소 무용인과 타자의 공존이 춤으로서 가능해진 것이다.

[3] 춤을 통한 몸의 깨달음

나이가 어린 사람의 몸은 신체적 기술에 빠르게 적응한다. 그러나 그가 인내하는 마음이 단단하지 못하다면, 기술을 익히는 과정에서 권태를 느끼고 끈기를 잃게 된다. 그럼에도 불구하고, 무용수는 왜 고통을 감내하면서까지 춤을 배우고, 춤추기에 몰입하게 되는 것일까?

그 이유를 이해하기 위해서는 춤추는 몸이 경험하는 내면의 세계에 주목해야 한다. 무용인의 태도는 몸의 경험을 어떻게 인식하고 감내하며 받아들이는가에 따라 형성된다. 그러므로 춤추는 가운데 무용수가 몸을 통해 경험하는 감각적·정신적 순간들을 고찰하는 것이 이해의 출발점이 될 수 있다.

무용을 감상하는 관객은 지각(perception)이라는 의식작용을 통해 무용의 형태와 구조, 테크닉, 스타일 등을 인식한다. 무용미학 연구에서 이런 관심이 일어난 것은, 동작 형태에 의미를 부여하려는 로이스 엘펠트(Lois Ellfeldt)와 엘리너 메서니(Eleanor Metheny)의 시도에서였다. 상징적 움직임의 의미에 대한 연구는 수잔 랭거(Susanne K. Langer)와 에른스트 카시러(Ernst Cassirer)에 의해 발전되었다. 메를로-

퐁티는 본질적이고 경험적인 가치를 지닌 움직임에 관해 심도 있게 다뤘으며, 또한 장 폴 사르트르(Jean-Paul Sartre)는 예술 경험의 구조를 고찰하여 무용하는 몸의 입장과 경험을 이해할 수 있게 해준다.

그러나 이들의 연구는 무용수 내면의 경험, 즉 몸의 경험을 깊이 이해하는 데에 그다지 도움을 주지는 않는다. 예를 들어 무용수가 춤추는 과정 속에서 만나는 완전한 순간 또는 절정의 경험은 극도로 개인적이며 주관적인 경험이다. 이런 순간에는 고유한 개성과 더불어 결단력, 책임감, 자기 창조, 자율성, 확신 등의 존재론적 개념들이 뚜렷하게 드러난다. 이 절정의 경험은 무용수가 갖는 미적 경험으로서 고유한 성질의 감각이다. 이것은 예술가들이 창작의 열정에 몰입하며 시간과 환경을 잊고 빠져드는 창조적 감동과 매우 유사하다. 무용수에게도 춤을 추는 동안 일어나는 그러한 창조적 열정은 놀라움, 신비로움, 경외심 등을 동반한다.

완전한 순간을 경험하는 무용수는 몸 안에서 완전한 존재로서의 충만감을 느낀다. 그 순간, 몸과 춤은 하나가 된다. 이러한 경험은 반복하거나 모방할 수 있는 것이 아니다. 오직 무용수의 높은 수준의 참여와 전인적 심취를 통해서만 가능하다. '지금 여기'의 순간에 몰입하고, '감각적인 생생한 체험' 속으로 빠져드는 것이다. 그 순간에는 춤 자체에 목적이 있을 뿐, 어떤 도구로서 기능하지 않는다. 춤과 몸이 기술적으로 복합, 합일되는 경험적 특성은 몸 전체에 찾아오면서 시각, 촉각, 운동 지각 등 다양한 감각들을 흡수한 역동적 형식을 가져온다. 춤추는 몸이 갖게 되는 미적, 감각적 감동은 시각적 차원의 기능뿐만 아니라 이완, 수축, 딱딱함, 부드러움, 자유, 가벼움, 강력, 굴복, 민첩, 지속, 속박과 같은 몸의 감각적 성질들로 드러난다. 말하자면 시각, 촉각, 고유 수용 감각(proprioception)과 같은 다양한 감각들이 역동적인 형식으로 흡수되고, 움직임은 미적·감각적 감동으로 치환되는 것이다.

무용수는 몸 경험에 참여할 때, 즉 감각의 흐름을 조직하고 감각적 순간을 살면서 감각적 성질에 참여할 때 하나의 무용을 완성한다. 그는 몸을 움직이면서 부분들을 통합한다. 감각과 순간의 연결이 공간과 시간의 조화를 이루는 움직임 패턴 속에서 무용수는 자신의 몸을 다시 경험한다.

몸을 좀 더 절실하게 자각하게 되는 것은 춤을 추기 위한 몸, 춤추는 몸뿐만 아니라 몸을 대하는 다양한 관점을 이해할 때이다. 몸은 춤의 주체와 객체라는 두 가지 입장으로 존재하며, 객관적인 몸은 무용주체로서의 몸과 동일하게 지각되지 않는다. 몸은 의식과 지각의 주체이자 심미적 대상이다. 춤을 의식하고 아름다움을 느끼게 하는 직접적인 감각과 지각의 대상이며 매개체이기도 하다.

춤을 바라보는 사람들의 의식 속에는 무엇이 떠오를까? 현실적인 형상일까, 아니면 상상적으로 나타난 형상일까? 아니면 그가 이미 경험했던 몸의 느낌과 형태를 무용수의 몸을 통해 다시 보게 된 것일까? 이 모든 가능성은 무용을 현상학적으로 연구하는 재료가 된다.

경험과 그 세계에 대한 즉각적이고 직접적인 의식을 추구한 메를로-퐁티는 춤추는 사람이건 아니건, 사람의 의식과 신체에 내재된 시간성과 공간성의 구조가 본래적인 것임을 간파한다. 이는 무용수의 몸을 바라보는 사람의 의식 속에서도 마찬가지로 작용한다. 보는 사람은 자신의 내면에 저장된 시간적 기억과 공간적 체험의 틀 안에서 무용수의 몸을 해석하고 의미화한다. 이로써 무용수의 몸은 단순한 움직임의 대상이 아니라, 시간과 공간의 차원에서 다층적으로 재구성된 심미적 현상으로 감각된다.

결국 무용을 바라보는 의식 안에는 현실과 상상, 과거의 신체 경험과 현재의 감각이 복합적으로 교차하며 몸에 대한 총체적이고 통합적인 이해가 가능해진다. 이러한 의식의 구조야말로 무용미학이 현상학과 만나는 지점이며, 감상자의 내면에서 무용이 재구성되는 과정이자 이유이다. 다음의 인용문은 감상자 '나'의 내면에서 무용수 '룰리'의 춤이 재구성되는 과정을 보여준다.

> 룰리가 춤을 추고 있다. 초록과 자주빛 줄무늬가 있는 옷을 우아하게 걸친 그녀가 움직이면 채색된 환영들이 함께 있는 것 같다.(후설이 말한 뜻에서의 환영). 그녀의 행복은 전적으로 리듬 안에 있다. 나는 그녀 안에 살고, 그녀의 움직임 속에서, 그녀가 생기를 불어넣은 몸 안

에서 그녀 안에서 현존하게 되는 그리고 그녀 자신의 것이 되는 전체의 환경 안에서 내 자신을 느낀다. 세계는 더 이상 이해할 수 없는 것이 아니다. 우리는 우리 몸에서 그리고 우리의 몸을 서로 느끼면서 세계를 느낀다. 이 세계는 자기자신으로부터 나와 움직이는 그리고 자신을 표현하는 세계인 것이다. 그리고 이 세계가 더 많은 것 안에서 자신을 더 풍부하게 표현하면 할수록, 세계는 구체적인 외적 측면에서도 더욱 더 살아 있게 된다. (1957. 6. 14 밀라노에서)*

[4] 신체성의 표현

예술에서 신체에 대한 인식의 변화 중 하나는 몸이 춤이 됨으로써 신체의 있음(being)을 가시화했다는 점이다. '나는 나의 몸이다'라는 명제는 무용에서 다음과 같은 방식으로 발전할 수 있다: 나는 몸이다 → 내 몸은 춤이다 → 춤추는 나는 나다 → 춤추는 나는 춤이다. 같은 맥락에서 루이 14세의 경우도 마찬가지이다: 그는 왕이다 → 그의 몸은 춤이다 → 춤추는 왕은 곧 춤이다.

이사도라 던컨(Isadora Duncan)의 무용에서 신체는 영혼이 거주하는 장소이자 정신의 표현 수단이다. 그녀는 영혼과 신체를 이원적으로 구분하지만, 실제 그녀의 춤에서는 영혼과 신체가 혼합된 듯한 상황을 만나게 된다.

---

* 엔조 파치, 「어느 현상학자의 일기」, 이찬웅 역, 이후, 2000, 58쪽.

마사 그레이엄에 있어서, 무용수의 신체 내부에는 사유와 느낌의 기능, 의식과 무의식적 태도, 정신과 영혼이라는 이원적으로 구분된 세 영역을 살펴볼 수 있다. 그레이엄은 신체 내부에 근거한 내면적 경험을 표명하는 것을 목적으로 두기 때문에 신체는 그 자체로 경험의 주체이자 외부 세계를 인지하고 표현하는 감각적 매체로 인식된다.

이사도라 던컨으로부터 마사 그레이엄에 이르는 당대의 무용가들에게 있어서 몸은 소유의 대상이다. '나는 나의 몸을 갖고 있다'는 전제는 몸을 도구로 여기는 시각을 반영하며, 이 점은 정신의 우월성을 강조하던 모던댄스의 전통을 계승한다. 여기서 몸은 표현의 매체이다. 즉, 몸은 춤의 도구이자 정신의 도구이며 기술이다.

1950년대 이후, 모더니즘 예술과 문화에 대한 반작용으로 존 케이지(John Cage)의 음악, 머스 커닝햄의 무용, 앨런 카프로(Allan Kaprow)의 해프닝, 안나 핼프린(Anna Halprin)의 즉흥 무용 등이 나타나면서 마사 그레이엄의 모던댄스에 대한 비판이 본격화되었다. 이들은 '무용하는 몸을 통해 내가 된다'는 정체성의 탐색을 중심에 두고, 몸과 예술의 개념을 재정의했다. 이때 신체는 세 가지 방식으로 인식된다: '나는 나의 몸이다', '나는 나의 몸을 갖고 있다', '무용하는 몸을 통해 나는 내가 된다'. 각기 다른 이 세 가지 입장은 신체에 대한 상이한 현상적 접근을 보여준다.

포스트모던댄스 초기의 몸에 대한 인식과 변화 양상을 살펴보면, 포스트모던댄스 미학은 일상과 자연적 신체에 접근한다. 놀이나 게임, 일상적 일, 우연한 사건, 휴식 등의 요소가 무용에 도입되면서 관습으로부터 탈피하고 몸을 통해 새로운 가능성을 실현하려는 시도들이 이루어졌다.

　　1960년대 실험적 안무가들은 신체를 정신으로부터 해방시키고자 했으며, 신체가 단순히 정신의 도구가 되는 것을 거부했다. 일례로, 1960년대 초 미국의 저드슨(Judson) 무용단은 극장 무용의 미학에 반대하는 실험적 작업을 보여주었다. 1970년대 중반부터 1980년대 초반까지 주목해볼 것은 루신다 차일즈(Lucinda Childs)와 로라 딘(Laura Dean)의 실험적인 무용으로, 기하학적인 도형을 신체로 반복해서 보여주었다. 이들은 타 장르 매체와 교류를 통해 무용의 외연을 넓혀간다. 1980년대 무용수들은 일상적 동작을 무용에 도입하면서 신체 해방을 시도하였고, 또한 그 차원을 넘어서서 이성적 주체로서의 자유로운 신체를 실현하고자 한다. 더 나아가 무용수의 신체 이미지를 장식하고 새롭게 만들어낸다.

　　얼윈 니콜라이(Alwin Nikolai)는 신체 동작뿐만 아니라 조명, 음향, 무대 배경 등 다양한 연출 장치를 활용하여 작품의 색다른 경지를 달성하는데, 무용수 신체의 한계를 초월하는 자유로운 안무를 선보인다. 이로써 전통적인 무용예술로서의 몸의 개념을 벗어난다.

　　머스 커닝햄은 무용 동작이 감정이나 주관적 생각, 어떤 이야기 등의 메시지를 전달하기 위한 것이 아니라 오직

'동작 자체를 위한 예술'임을 강조했다. 그의 무용은 감각적 운동 지각이 없이는 이해하기 어려운 무용으로서, 주제나 내용이 없는 순수 동작의 무한한 발굴을 겨냥한다. 관객은 무용수의 신체로부터 근육 운동 지각적 감응을 통해 그 움직임과 의식의 지향적 체험을 반성하게 되고, 무용수의 내적 경험을 지각하게 된다. 커닝햄은 어떤 동작도 무용이 될 수 있다는 확고한 신념을 보여준다. 안무자의 주관을 배제한 우연의 구성 방식은 무용수의 신체 지식과 신체 기술의 확대를 가져왔다. 그것은 곧 무용수의 신체 수행 능력의 확장을 의미한다. 그의 무용에서 무용수의 신체는 표현적 매체, 즉 일종의 도구로서 다루어진다. 또한 움직임의 본질적 의미와 존재의 일부가 신체로 해석되기도 한다. 무용수의 신체는 매체일 뿐만 아니라 의미와 존재로서의 신체이며, 기술적으로 준비된 표현적 신체라고 볼 수 있다. 무용수라는 주체와 신체가 신체적 기술의 경험 안에서 서로 동화하고 융합된다. 따라서 그 신체는 기술을 갖추고 다양한 활동을 나타낸다. 커닝햄 무용수들의 감각, 경험, 의식, 체험 등을 돌아볼 때, 안무자와 무용수의 신체, 무용수의 신체와 세계 사이에는 상호주관성[**]이 성립한다.

이본 레이너(Yvonne Rainer)는 인간의 신체가 지닌 무

[**] 세계는 경험들의 교차, 그리고 나의 경험과 타자의 경험 사이의 상호 맞물림을 통한 교차에서 의미를 드러낸다. 그러므로 그 세계는 나의 지나간 경험들을 나의 현재의 경험 속에서, 타인의 경험을 나의 경험 속에서 되찾음으로써 통일을 이루는 주체성과 분리될 수 없는데 이때 우리는 상호주관성의 관계에 놓여있다.

한한 동작의 가능성을 찾는 것을 목적으로 한다. 무용은 심리적이지도 않고 미니멀하며, 화려한 장면 없이 사실적이다. 신체와 의미 부여의 문제에 반발하는 양상으로 시작된 포스트모던댄스의 맥락에서 볼 때, 그녀의 무용은 스텝이나 제스처 이외에도 이상한 몸짓, 일상 동작, 몸의 갖가지 소리, 반복적 구성의 사용, 그리고 우연성의 구조에 의해 논리적으로 연결되지 않는 움직임을 만들었다. 이본 레이너는 1965년에 무용을 객관적인 것으로 만드는 수단으로서 부정이라는 방법을 찾아낸다. 장식, 기교, 변형, 신기함 등에 대한 부정이 그것이다. 스타일이나 이미지, 감동에 대한 부정도 이에 속한다. 스타일과 표현을 거부한 작품 〈트리오 A〉와 초기 작품 〈정신은 근육이다 Mind is Muscle〉는 자연스런 무용같이 보여도 정밀하고 어려운 동작이 리드미컬하게, 일상적인 동작과 적절히 조화를 이루어 등장한다. 그녀의 무용은 신체 능력과 조직력을 비롯해서 순수한 신체성의 즐거움과 신체의 솔직성을 보여주고, 형식주의로부터 신체를 해방한다. 신체를 장식하지 않고 신체 자체의 생기와 활력을 의식적인 통로를 거쳐 드러내는 것이다.

〈트리오 A〉는 춤의 주제를 순수한 동작에서 찾고자 함으로써 무용의 본질과 몸에 대한 새로운 관점을 제시할 수 있었고, 이 점이 모던댄스와 확연히 구별되는 점이다. 다시 말해서 무용은 표현이나 테크닉의 완성이 아니며, 창조적으로 그 대상을 드러내는 것이다. 따라서 정신과 육체의 불가분 관계, 의식하고 움직이는 육체, 그리고 지성적 신체에서 출발하는 움직임의 인상이 강하다. 그 몸은 과장 없는 육체성을 드러내며, 몸에 의해서 지성과 작업이 유도된다. 고전의 관례와 틀을 거부하는 새로운 방식과 유형의 무용으로서 단순화된 것이 일상춤, 평범한 몸이다. 결과적으로 몸이 무용의 주제로 등장하여 인식의 주체가 되는 춤은 모던댄스와는 다른 양상이라고 할 수 있다.

트리샤 브라운(Trisha Brown)은 자신의 신체가 반영된 행동을 묘사한다. 그녀의 기술은 중력을 통제하는 데에 있으며, 연습을 통한 신체의 유형화 능력으로 동작기술을 해결한다. 안나 핼프린 등과의 작업에서는 무용의 내용이 되는 이야기를 배제하고, 일상 동작의 사용과 즉흥법을 익혔다. 트리샤 브라운의 즉흥의 구조와 안무 방법이 자리를 잡을 무렵, 접촉을 통한 즉흥 방식과 공동 작업에 대한 의도가 함께 형성된다.

〈설치 작품 Equipment Piece〉(1968)이나 〈축적 Accumulation〉(1971)에서는 동작의 동기가 몸 또는 몸으로부터 파생된 요소가 아니라, 보조적인 물체나 인식 과정, 일상적 행위의 구조, 수학적 원리 등에 대한 탐구에서 비롯된다. 이들은 몸에서 무엇인가를 일으킬 수 있는 단서로 활용된다. 이 작품들은 형식구조에 주력하여, 동작에 동작을 추가하면서 움직임의 연속을 창의적으로 완성했다. 〈지붕 작품 Roof Dance〉(1971)은 신호 전달 체계를 실험하는 데에 흥미를 두며, 무용 자체에 대한 직접적 관심과는 거리가 있다.

그녀는 미니멀리스트 안무가로서 1960년대 초부터 표현 기교나 장식 요소를 축소하는 특징을 보였다. 이러한 축소는 신체 움직임을 더욱 두드러지게 하여, 무용의 본질에 더 가까워지는 결과를 가져왔다. 또한 자유롭고 자연스러운 움직임을 추구하며, 일상 동작을 무용에 도입함으로써 움직임의 영역을 확장하는 결과를 끌어냈다.

포스트모던댄스에서는 움직임 이외의 요소들을 분리하거나 축소하여 신체와 그 감각을 강조한다. 이는 무용의 내용과 의미를 추구했던 모던댄스의 규칙을 깨뜨리고, 신체 움직임을 창조하는 새로운 방식을 추구한 것이다. 따라서 동작은 감정 표현과는 거리가 멀었고, 주관적인 표현을 지양하며 구성에 집중했다.

예를 들어 〈정렬〉 같은 작품에서 볼 수 있듯이, 동작은 기이하거나 일상적인 것이 많으며, 전혀 새로운 동작보다는 동작 구성 계획의 다양화나 무용의 구조를 찾는 데 집중된다. 어떤 움직임들을 사용했는지 살펴보면,

첫째, 무용적이지 않은 움직임으로 변형된 것으로서, 보행, 기대기, 달리기, 넘어지기 등이 있다.

둘째, 기계적인 동작으로 기능적이지 않고, 연극적이거나 설명적이지 않은 뼈, 관절 혹은 신체 부위의 움직임이다.

셋째는 인상이나 기억과 관련된 움직임으로, 개인적인 의미를 담고 있거나 애매한 상징성을 지닌 동작이다.

이상에서 알 수 있듯이, 무용과 신체의 관련성은 일상

적이거나 구체적으로 형성된 전통적 무용 매체로서의 몸, 확장된 동작 수행 능력의 주체로서의 몸, 의식과 연결체로서의 몸, 춤을 통해 유형화된 몸, 무한한 가능성을 지닌 몸 등 다양한 방식으로 드러난다.

포스트모던댄스는 신체 움직임을 가능한 한 확장시키고, 어떤 구성에도 대응할 수 있는 정신적·신체적 준비성을 단련하고 향상시켰다. 이러한 살아 있는 역동적 신체 개념은 신체에 대한 존재론적 관점과 개념적 인식을 끌어냈다. 이러한 경향은 1960~70년대 포스트모던댄스 초기의 일상적 소재를 바탕으로 한 작품들에서 특히 두드러진다.

[5] 몸 지각의 확장과 변화

모던댄스와 포스트모던댄스에서 급격히 차이가 나는 것은 디지털 아트 장르이다. 여기서는 수용자의 몸이 추가로 개입된다. 디지털 테크놀로지는 인간의 몸을 중심으로 작동하면서, 인식, 사고 체계와 구조적 체계에 영향을 미치고 변화를 일으킨다. 또한 신체성의 개념은 무용이 아닌 다른 예술 분야에서도 연구와 관심의 대상이 되었다.

오늘날의 디지털 신체 개념은 사이보그를 포함하여 가상신체[***] 개념까지 그 영역이 확장되고 있다.

디지털 테크놀로지 환경 아래 신체는 테크놀로지 시

[***] 디지털테크놀로지에 의해 만들어진 비물질적 시간과 공간 안에서의 신체. 인간이 경험하고 지각할 수 있는 신체지식과 신체감각을 기계화시켜 확대했을 때 구현된 신체.

스템에 의해 구조화된다. 신체는 억압되고 소외되며, 새로운 몸의 개념을 발생시키는데, 이는 본래의 유기적 신체와 분리되어 새롭게 주체를 재구성하게 된다. 뿐만아니라, 사회, 역사, 예술 등의 다양한 분야가 서로 유기적인 관계로 연결되면서, 여러 각도와 측면에서 몸과의 관계를 분석하고 이해한다.

신체 개념의 변화와 테크놀로지의 속성은 신체를 하나의 이미지로 보게 만든다. 디지털 테크놀로지가 결합된 신체는 신체 기능의 확장이나 대체를 일으키며, 가상 신체라는 개념으로 접근하게 만든다. 디지털 테크놀로지에 의한 신체 인식의 변화는 다매체를 활용한 무용에서도 찾아볼 수 있다.

가상 신체는 인간의 인식 체계 안에서 새롭게 재구성되거나 재배열된다. 실제 무용수의 움직임이 창조하는 가상적 세계와는 다르게, 디지털 테크놀로지를 활용한 영상 등의 복합 매체에 의한 가상 이미지를 접하는 관객은 무용과의 새로운 관계를 형성하게 된다. 신체와 감각을 테크놀로지에 의해 기계화한다는 것은 경험, 지각, 감각 영역의 확대를 의미한다.

디지털 테크놀로지를 사용하여 가상현실을 경험하는 것은 이미 신체를 초월한 새로운 시간과 공간을 얻게 하며, 가상 신체를 개념화하게 만든다. 가상현실은 육체에 기반을 둔 현실의 정체성에서 자유롭다. 가상 공간은 그 안에서 구성 기술의 수단을 제공함으로써, 현실적 신체로부터 해방되고 탈출할 수 있는 장소를 제공한다.

메를로-퐁티에 입각한 신체와 현실 세계와의 관계는 사이버 공간에서 무시된다. 여기서의 탈육화의 경험은 육체의 구속과 정신성의 강조보다도 신체감각의 배제와 이탈의 경험을 초래하는 데 더욱 중점을 둔다. 컴퓨터에 의존하는 삶 속에서 인간의 능력을 새롭게 바라보는 일도 중요하지만, 우리도 모르는 사이에 정신과 신체의 분리가 강화되는 현상은 부정할 수 없다. 디지털 테크놀로지에 의존하는 무용에서는 테크닉이나 미학적 견지가 무시되고, 매체로서의 테크놀로지에 관한 미학적 기준이나 관점이 강조되는 경우를 볼 수 있다. 이것은 신체 기술의 위축과 파괴를 초래한다. 디지털 환경에서 가상 신체는 신체 이미지로서 살아 움직여왔다. 그러나 메를로-퐁티에 의하면, 가상 신체는 육체로 느껴지거나 육체로 기억되지 않는다.

디지털 테크놀로지 환경에서 몸은 물질적·기계적 차원에 머무르기도 하지만, 인간의 감각과 결합하고 몸의 물리적 제약을 벗어나 다른 방식으로 존재하기도 한다. 사이버 세계를 구성하는 몸, 무용, 매체 등은 사회문화적 환경에 따라 재구성된다. 사이버 매체는 수용자가 탈물질 차원의 새로운 공간과 시간을 느끼게 한다. 디지털 테크놀로지에 의해 무용의 무한한 확장이 가능해진 것이다.

가상 세계는 실제 세계가 아니기 때문에 탈물질의 세계이다. 사이버 매체로 가능해진 움직임, 무용수, 그리고 시간과 공간 역시 가상의 존재들이다. 가상의 무용수나 가상의 존재는 자연스럽게 느껴지며, 탈물질의 근본은 바로 탈신체임을 인식하게 한다. 탈신체 현상은 몸의 부정이 아니라 자연적 몸을 이탈한 몸의 확장으로 읽힌다. 사이버 매체는 움직임의 동반자이자 협력자로서의 역할을 할 수 있으며, 변화의 근본 축으로서의 무용의 주체는 몸과 인간의 범위를 넘어선다.

테크놀로지의 도입은 무용의 형식과 내용에 변화를 가져온다. 이미지 공간에 대해서도 보는 사람의 주체적이고 적극적인 참여와 해석, 그리고 체험이 요구된다. 몸에서 몸 이미지로의 이동과 몸 공간에서 이미지 공간으로의 이동은 사실적 몸에서 은유적, 상징적 몸 이미지 공간으로의 전환을 의미한다. 무용과 일상의 경계가 흐려진 시대에 멀티미디어에 의한 무용은 신체 동작 기술과 무용 인식의 문제를 깊이 있게 사고하도록 유도하였다.

[6] 몸의 소외를 춤에서 극복한다

정신우월주의적인 속박으로부터 육체의 해방은 자유를 의미한다. 더 나아가 생명이자 자연이기도 한 몸은 생명력 없이 획일화된 문화를 거부하는 다양성의 상징이기도 하다. 몸에 대한 담론 가운데 사회적으로 부각되어 다루어지는 것이 바로 '몸의 부재 현상'이다. 이는 몸의 형태가 사라지고 인간의 의미마저 상실된 상태를 뜻한다. 부재의 존재로 전락한 몸은 일차적인 생명과 감각을 상실한 상태를 의미한다.

몸의 부재에 대한 문제는, 몸을 단순히 정신의 대립 개념으로 보려 하기보다는 정신의 심연이자 원초적 생명으로 이해하려는 태도를 전제로 다뤄진다. 몸의 부재는 디지털 테크놀로지와 기계화된 인간에 대한 논의에서 비롯된다.

몸에 대한 예술적 관심이 개인에서 사회의 영역으로 확장되면서, 그 정체성을 찾기 위한 다양한 시도가 나타났다. 그 한 예로 초기 포스트모던댄스에서 설명 없이 '있는 그대로'를 보여주려는 시도가 있었다. 이는 모더니즘이 보여준 내면적 탐색이나 추상적이고 무거운 주제를 벗어난 것이며, 기계 문명의 메커니즘을 적극 활용한 작품으로 나타났다. 표현 매체나 정형화된 형식을 파괴하고 그 폐허 위에서 새로운 것을 끌어올리는 미니멀리즘 무용도 등장했다. 장르 간의 경계를 넘나드는 복합 예술도 다양하게 시도되었다.

또한 관객을 예술 활동에 참여시키며 타자의 몸을 매개로 하는 경우도 있었다. 미리 계획하지 않고 외부 세계에 반응하는 몸의 자발성에 의해 움직임을 만들어내는 방식을 무용으로 보거나, 동작을 내적 의미와 결부시키지 않고 안무자의 주관성을 배제한 작품들도 존재했다. 심지어 몸의 분열과 같은 불안정한 이미지를 활용하기도 했다.

몸의 부재는 무용을 체험하는 주체의 부재, 그리고 인식 주체의 부재로 해석되며 이는 모두 인간의 불안정한 주체성을 경고한다. 단순히 예술작품 속에서 나타나는 몸의 부재 현상을 넘어, 사회 속에서 벌어지는 몸의 부재 현상에 대한 비판이기도 하다. 이런 맥락에서 몸의 소외를 극복하는 일은 개인의 정체성 회복에 있어 중요한 문제이며, 이는 신체 활동을 통해 가능해진다.

다수 집단에 의해 개인의 생명과 자유가 속박되고, 개인의 정체성이 상실된 사회 또는 집단과 개인을 공평하게 바라보지 않는 사회는, 집단만 존재하고 개개인의 인간이 부재한, 곧 생명력이 사라진 사회라 할 수 있다. 개인의 생명과 감각이 무시되고 인간이 무기력하고 무감각해지는 상황은 오늘날 우리 주변에서도 쉽게 찾아볼 수 있다. 개인의 주체 의식이 사라진 공간에는 공허함만이 남는다. 예술, 사회, 문화가 몸의 소외와 부재 현상을 직면하고 이를 극복할 때, 세상은 보다 풍요롭고 완전해진다. 무용을 감상하는 관객 또한 고정된 시각에서 벗어나 몸과 움직임을 바라보며 그 이면에 숨겨진 의미들까지 함께 느낄 때, 몸은 곧 '만남'이 되며, 이를 통해 공동체적 생명력을 회복할 수 있다.

03

무용의 경험과 창작

무용을 본다.

오관이 떨리면서 기쁘다.

근육은 약간의 경련을 일으키며 움직임으로 반응하고, 팔다리는 무엇인가를 갈망하듯 쉬지 못한다. 무엇인가를 말하고 싶기도 하다.

가만히 지켜보면 이 모든 것들이 내 마음속에 있으며, 생각으로부터 시작된다.

무용의 어떤 장면이나 부분이 기억되기도 하지만, 전체적으로 볼 때 뚜렷한 현실적인 목표는 없다. 단순한 경험이라기엔 그 배후에 무언가 있을지도 모른다는 생각이 드는 경우도 있고, 단지 스쳐 가는 환영에 불과한 것도 있다.

명확한 것으로 생생하게 기억되는 것도 있지만, 애매하고 혼돈스러운 것도 많다. 선명하고 강력하면서 심오한 것을 획득하는 경험은 예술이 가져다주는 강도와 명증성에 달려 있다.

아리스토텔레스에 따르면, 무용은 특유의 테마나 소재의 발견이 곧 경험의 전부이다. 형식이 있고 목표가 있는 움직임이다. 무용이 다루는 소재는 전체 작품의 형태와 윤곽을 결정하며, 전개되는 활동에 방향을 제시하고, 삶의 구조나 윤곽과도 연결되어 해석될 수 있게 한다. 전체적으로 무용은 어떤 질서를 이루어가는 과정에서 변형되고, 그것을 지각하는 지혜를 얻게 해준다.

    무용이 주는 감정적·지적 자극에도 불구하고, 어떤 관객은 무감각하거나 반응하지 못하기도 한다. 혹은 순간적인 충동에 반응하여 즉흥적인 흥분을 느끼기도 한다. 무용은 경험에 생기를 불어넣는다. 실생활과 관련 없는 즐거움에 마음을 끌리게 한다. 그 즐거움을 통해 인생 전체가 생생하게 살아 움직이며 의미를 갖게 된다. 삶이란 창조적 행위이자 미적 감상의 연속임을 일깨운다. 생활은 질서를 갖춘 자발적인 규율이자 자유가 된다.

    그런가 하면, 무용은 현실로부터의 도피이기도 하다. 그래서 무용가는 자신의 지혜를 자유롭게 구사하며, 소재를 다룰 수 있는 독자적인 영역을 갖게 된다. 무용은 실생활에서 쓸모없는 것으로 여겨질 수 있다. 하지만 무용은 현실에서 상상의 꿈의 세계로 도피할 수 있다는 가능성을 열어준다.

    무용이 실생활에서 가지는 기능과는 무관하게, 움직임이라는 본질에 주목하는 것은 무용 자체를 위한 행위라 할 수 있다. 순수한 미적 관찰자는 무용의 세계를 잠시나마 획득한다. 그러한 관찰자의 심미성은 무용의 미적 형식 속에서 안정과 평화를 발견한다. 관찰자의 미적 향수는, 자신이 알고 있던 세계와 자신의 본성을 드러내고 연출하는 측면도 있다.

　무용에 대한 경험은 무엇보다도 관찰자의 시각과 고유수용감각에 기반한 내적 감각으로부터 사색, 사유, 반성의 단계까지 이어진다. 감각의 불명료함이나 관찰자의 본능 속에서 무용은 어떤 형태를 형성한다. 그 어떤 인상이나 충동도 그 순간에는 형태를 갖게 된다.

　무용은 어떤 형태로든 인생을 해석한다. 움직임이 불러일으키는 상상력 이상의 것이 아닐 수도 있고, 단순한 감각의 표현을 넘지 못할 수도 있다. 그러나 인간 감정에 대한 선명한 해석일 수도 있으며, 단순한 동작 배열 이상의 의미를 지닐 수도 있다. 인생의 본질적 의미를 알기 위해 움직임 속으로 들어가려는 관찰자가 있다면, 그의 시선이나 언어는 그 동작의 본질을 해석하는 것이다.

　무용을 만들거나 관찰하는 이의 경험이 강화되고, 작품을 통해 명증화되며, 관찰자에 의해 해석되는 과정을 통해 무용인은 충족을 얻게 된다. 무용은 수많은 사람들에게 감상적인 흥분과 동요를 불러일으키며 쾌락을 제공한다. 더많은 사람들에게는 무용이 인간 정신세계의 의미를 선명하게 드러내는 수단이 된다.

　무용은 단편적인 상태로서 모든 경험이 향해 있는 목표, 즉 무용의 의미를 지시한다. 외적인 환경 세계와 무용인의 내면 충동 세계가 지혜에 의해 안정적으로 조율되며, 무용 자체가 즐거운 것으로 받아들여진다. 무용은 곧 지혜다. 개별 작품 안에서, 혹은 미적 즐거움 속에서 그 역할을 수행하며, 인간 삶 전체에 관련된 역할을 담당하고 있다.
다음은 무용의 창작과정을 이해하기 위해 마리 뷔그만의 글 'Mary Wigman: Composition in Pure Movement'[*]의 일부를 인용한 것이다.

> 무용의 '감정(feeling)'이 자주 음악에서 충전될 때, 흔히 생기는 질문은 내 무용의 기본 구조와 근원 자료는 무엇일까 하는 것이다. 나는 그 원리(principle)를 다음과 같이 정의할 수 있다. 창작의 기본 생각은 완전히 독립적인 무용 주제로서 내 안에서 또는 나로부터 일어난다. 이 주제는 처음엔 원초적이고 불분명할지라도 자체의 발전을 내포하고 단일하고 논리적인 배열 순서를 지시한다. 모든 무용의 초기의 근원 자료로 내가 느끼는 것은 작곡가가 처음에 개념하는 멜로디나 리듬, 혹은 시인의 뇌리에서 떠나지 않는 압도적인 이미지에 비교할 수 있다. 그러나 그 이상의 유사점을 그릴 수 없다. 무용을 작업할 때 타 예술의 모형을 따르지 않으며 나의 일반적인 과정을 따라 발전시키지도 않는다. 무용 모두가 고유하고 자유로우며 자체적으로 결정된 유기적 조직체의 형식을 갖추고 있다. 여하튼 의도대로 나의

---

[*] Mary Wigman, *Creative Process, Symposium*, edited by Brewster Ghiselin, the Regents of the University of California, 1952, pp.78-82.

무용은 정신에서 발생하지 않기 때문에 추상도 아니다. 만약 추상적인 느낌이 있다면 그것은 우연적이다. 반면에 정서를 '해석하는' 것이 나의 목적은 아니다. 슬픔, 즐거움, 두려움 같은 용어는 너무 고정되고 정적이라 내 작품의 근원을 묘사할 수가 없다. 내 무용은 존재의 어떤 상태, 즉 내 안에서 정서의 다채로운 유희를 자유로이 풀어내면서 무용의 특별한 분위기를 지시하는 다양한 단계로부터 흘러나온다.

이 순간 나의 작품 〈축제의 리듬 Festlicher Rhythmus〉의 시작을 다음과 같이 선명하게 기억한다. 휴가에서 돌아와 태양과 신선한 공기로 충전된 나는 무척 무용을 다시 시작하고 싶었다. 연습실로 들어갔을 때 나를 기다리는 협력자들을 보았고, 나는 손뼉을 치고, 즐거움과 행복의 자발적인 표현으로부터 무용을 발전시켜 나아갔다.

나의 작곡에 대한 잠정적인 시도는 달크로즈(Dalcroze) 시스템을 공부할 때 이루어졌다. 비록 내가 항상 음악에 강한 감정을 가지고 있더라도 내게는 시작부터 나의 본성을 순수한 움직임으로 표현하는 것이 가장 자연스럽다. (…) 나의 신체 기술(body technique)은 라반(Rudolf Von Laban)의 체조 시스템에 기반을 두었다; 그리고 도제의 신분으로 있던 기간 중에 내 작품의 점진적인 발전을 계속 이어갈 수 있었다.

수년간의 시도 뒤에 궁극적으로 내가 깨달은 것은, 기존 작곡된 음악에 맞춘 무용은 완결되거나 만족될 수가 없다는 것이었다. 유명한 유럽 오케스트라의 음악과 새롭고 오래된 음악(일반적으로 무용 음악)에 맞추어 무용을 했다. 심지어 힌데미스(Hindemith)의 〈악령 Daemon〉, 바르톡(Bartok)와 코댈리(Kodaly) 등의 현대 음악으로 작업했다. 음악이 쉽게 내 안에서 반응을 일으키는가 하면 반면에 자주 매우 큰 분리가 일어나는 것은 무용이 발전해갈 때이다.

보통 무용 아이디어, 주제는, 감정의 상태에 의해 영감이 일어나거나, 아니면 간접적으로 음악에 의해서 일어나지만, 독립된 반응을 수립한다. 주제는 그 자체의 발전을 불러온다. 무용이 음악과 떨어져 나뉘는 것을 발견하는 것은, 무용의 주제 자체를 발전시키는 작업을 할 때이다. 이미 완전하게 작곡된 음악의 아이디어와 무용의 동등한 발전은, 대부분의 경우에서 기능적으로 옳지 않다는 것을 발견한다. 무용 각각은 유기적인 자율성을 필요로 한다.

그래서 나는 무용과 음악의 새로운 재통합의 방식을 점점 느끼고 있다. 무용을 창작하고 거기에 맞추는 음악 작곡을 주문하지 않는 것이다. 주제를 개념하면서 그것이 온전히 윤곽을 나타내기 전에 음악 협력자들을 부른다. 나의 생각을 파악하고 주변의 분위기를 살피면서, 그들은 나와 함께 즉흥으로 시작하여 상호 협력한다. (...) 군무를 작업할 때 나의 노력은 공통된 감정을 찾는 것에 놓여 있었다. 나의 주된 아이디어를 제시하고 각각 즉흥한다. 개성의 범위가 얼마나 광범위하든 서로 다른 개성의 발산으로부터 공통분모를 찾아야만 한다. 이처럼 기본적인 감정 위에 나는 각각의 구조를 천천히 수립한다.

물론 여기서 말한 모든 것이 매우 개인적인 신조로 받아들여질 것이다. 나는 개인적인 자유를 굳게 믿는 사람이기 때문에 보편적인 체계를 세우기를 제안하는 것은 아니다. 창작은 새롭고 다양한 형식을 기대한다. 그 창조자가 가장 완벽한 의미에서 책임감을 추정하는 자아의 심오한 표현은 새롭거나 낡은 예술 아이디어를 위해 믿을 만한 자극을 주어야 한다. (출처: "순수 움직임의 구성" Modern Music, 1946. 1-2월)

04

COVID-19 이후의 창조적 사고

I.

COVID-19 이후 사회적 현상과 자연환경의 변화로 인해 나는 무용인으로서 존재의 의미를 찾고 느끼고 성찰하는 시간을 가졌다. 전통 승무를 다시 연습하기 시작했는데, 창작 의욕이 일어 승무를 변형시킨 창작 〈모던 칼라〉를 안무했다. 존재에 대한 성찰을 바탕으로 하여 승무를 연습하는 시간, 그리고 다시 새로운 작품을 안무하는 시간이 끊어지지 않고 이어진 셈이다.

물론 여기에는 COVID-19로부터 촉발된 어떤 물음들이 있었다. '현대인의 고통은 어디에 있을까?', '미래에 대한 두려움은 어디에서 오는가?', '사회적 불평등에서 오는 심리적 억압은 어떤가?' 등에 대한 물음과 그 답을 찾아가는 사유의 과정이 2022년 신작 〈모던 칼라〉의 구상을 위해 주된 동력 역할을 해주었다.

사실 나의 문제만은 아니었다. 누구에게나 앞을 내다볼 수 없는 모호한 문제들이 들이닥쳤고, 그로 인해 미래에 대한 불안과 두려움은 보편적인 사회 현상이 되었다. 이런 가운데 누구에게나 주어진 위치에서 예상치 못한 상황에 부딪히면 합리적으로 문제를 풀어나가야 한다는 부담이 지속되었다. 이러한 심리적 부담에서 벗어날 수 있는 길을 모색하여 얻은 것이, 가깝게는 의식에 따라 마음의 본질을 이해하는 것이고, 멀게는 '해탈(解脫)'하는 일이었다. 끝없이 이어지는 상념은 의식의 본질이 아님을 이해하는 것, 그리고 인간을 괴롭히는 상념은 하나의 환영이며 그림자에 불과함을 알게 되는 것이 바로 춤을 통한 명상과 극복의 실마리였다.

승무는 "인간 본연의 애정과 낭만의 표현인 동시에 인간의 희비를 높은 차원에서 극복하고 승화시킨 이지적인 춤이라고 할 수 있다."(김매자, 『한국의 춤』)고 하였으며, 무용인의 의미 부여가 크게 작용하고 전달하려는 깊은 뜻이 함축되어 있는 춤이다.

그래서 승무 기법은 리듬이나 에너지를 밖으로 발산시키지 않으며, 감정을 억제하고 내면화한다. 높은 차원에서 감정의 세계를 극복하고 승화해야 하기 때문이다. 그런 점이 서양의 춤과 다르다. 또한 승무는 자연과 인간의 일체화, 욕망의 비움, 비움으로서 존재의 무한한 가능성에의 도달 등을 표현한다.

승무의 다양한 특질 중 하나는 한(恨)을 심미화한다는 것이다. 무복이나 북놀이, 그리고 춤사위(장삼놀이) 등의 조화에서 특히 그러하다. 더 나아가 고뇌와 희망, 그리고 미래를 기원한다. 승무는 "장삼이 가지는 飛翔하는 氣槪로써 자유와 영원을 希願하는 춤임을 깨닫게 된다." 또한 "승무의 춤사위는 舞服과 장단에 영향을 받아 뿌림사위를 통하여 모았던 정성과 분망스런 인간의 자유의지를 上天으로 승화시키고 있다는 것을 느낄 수 있다."(정병호, 『한국춤』)고 하였다. 나는 승무에서 이렇게 몸 위로 승화하는 에너지 흐름을 느꼈다. 단전에서 비롯되어 척추로 이어지는 긴 호흡에 의해 춤의 무게가 더해지고 춤사위도 진중해지는 것을 느꼈다.

불교의 '해탈'은 고통의 소멸을 의미하고 상념의 그림자에서 벗어나는 길이다. 승무 연습 중 명상을 통해 의식의 본질을 이해할 수 있게 되어 문득 자유로워지고, 억압에서 벗어나게 된다. 움직임에 집중하다 보면 상념과 아픔의 기억이 사라짐을 느낀다.

'명상'은 '해탈'의 경지에 이르는 구도의 과정이 될 수 있다. 온갖 외부적 요인에 의해 쌓인 혼돈과 불신 등 부정적인 기운을 한 가닥씩 닦아내고, 정성으로 마음의 제자리를 찾는 것이다. 가장 나다운 길을 찾아 떠나는 구도의 여정이 될 수도 있는 춤이다. 춤을 통해 스스로를 찾는 일에 시간과 관심을 두는 일은 내가 내 행위의 주인이 되기 위해서 필요함을 새삼 절감했다. 내가 하는 행위가 자기규정 없이 무조건 타율적으로 이루어진다면, 내가 누구이며 무엇을 하는지조차 알기 어려워질 것이기 때문이다. 결국 가장 근본적인 물음은 "나는 누구이며, 나는 무엇인가"이며, 코로나 사태는 나를 그 근본 물음으로 되돌아오게 했다.

승무의 숨쉬기에 집중하여 마음을 잡아가고 의식의

내용을 알아차리는 과정에서 나는 현대무용수의 몸으로 그 경험을 읽고 쓰게 되었고, '지금 여기' 나의 모습을 익숙한 몸 언어로 이웃과 대화하는 것이 가능하게 되었다. 그런 의미에서 승무는 구원을 위한 무용이다. 승무를 동반하는 구원의 미사를 통해 은혜를 받는다고 보는 것이다.

살아갈 희망을 얻는 것, 현실의 고통을 이겨내고 이웃과 온정의 사랑을 나누고 베푸는 일, 사랑을 행하는 일이 무용으로 가능하다고 믿는다.

전통 승무를 하는 마음 자세와 기본 연습은, 나아가 무엇을 춤출까에 대해 모색하고 성찰한다는 창작의 신념을 심어 주었다. 승무는 또한 구체적인 창작 도구를 제시해 주었다.

현대무용 〈모던 칼라〉의 창작은 '모티프의 발견'부터 시작된다. 춤에 대한 근본 모티프(motif, 최저 단위의 움직임)를 찾아내는 일이다. 이 순간에 발견된 모티프는 고유하기도 하지만, 절실한 내면의 소리를 내기 위해 적절할 때가 많다. 창작을 위해 승무가 제공해 주는 것은 모티프로서의 정형화된 승무 춤사위 형태였다. 안무는 모티프를 기반으로 수많은 변형을 시도하는 일에서 출발한다. 그렇게 해서 춤추는 나를 끝없이 탐색하게 하고, 새로운 발견을 거듭시킨다.

〈모던 칼라〉("장정윤무용공연", 안무 및 출연: 장정윤, 2022년 4월 20일 부산민주공원)는 승무의 내적 탐색 과정에서 체험된 정신과 움직임의 성질을 이성의 힘으로 파악하여, 동시대

움직임으로 재현한 창작이었다. 그래서 '비움과 절제'를 주제로 미니멀한 동작이 모티프로 작용했다.

사실 승무 춤사위의 리듬과 패턴, 그리고 힘의 성질 등을 '변형'하는 안무는 전통 춤사위의 주제와 본질을 바꾸지 않고, 안무법으로 다루어 변화를 가져오는 방식이다. 따라서 승무의 전통 춤사위를 제대로 습득하는 것이 우선 필요했다. 본질을 훼손하지 않기 위하여. 그리고 안무 과정에서 하나의 동작절 다음에는 또 다른 동작절이 이어져 나오게 될 때, 뒤의 것은 앞의 것과 다르면서 대조적인 것으로 또는 발전시킨 것으로 전개하였다. 거기엔 하나의 춤사위 주제와 대비되는 것, 리듬적으로 복잡한 것, 아니면 역동적 효과를 가진 것들이 있었다. 나아가 춤사위라는 한정된 움직임으로부터 이미지 형태, 역동, 성질, 리듬, 그리고 공간 요소들의 변화를 세부적으로 다루는 과정이 따랐다.

그 모든 과정에는 창작으로 이끄는 시간의 '느림'이라는 미덕이 자연스레 찾아들기 시작했다.

II.

1982년에 국제극예술협회(International Theatre Institute)의 국제무용협회(Dance Committee)는 '세계 무용의 날'을 제정하여 매년 4월 29일을 기념하고 있다. 4월 29일은 모던발레를 창시한 안무자 노베르(Jean-Georges Noverre, 1727-1810)의 탄생일이다. 매년 유명한 무용예술가로부터의 메시지*가 세계에서 회람된다. 그 내용을 소개하면 다음과 같다.

코로나 첫해 '2020년 4월 29일 세계 무용의 날 메시지'(그레고리 부야니 마코마 Gregory Vuyani Maqoma, 남아프리카 무용가)

"우리는 춤출 필요가 있다. 어떤 목적으로? 세계에 아직도 인간성이 존재한다는 것을 상기시키기 위해서 (…) 우리는 한 번에 한 발자국씩 무용으로 세계를 변화시키고자 분투하는 맹렬한 목표를 확인해야 하며, 인간의 환경적 향상과 안전을 담당하는 세계의 지도자들에게 우리 무용의 목표를 강력히 알리고 신호를 보내야 한다."

코로나 2년째 '2021년 4월 29일 세계 무용의 날 메시지'(프리드먼 포겔 Friedman Vogel, 독일의 무용가)

"모든 것은 움직임으로 시작한다. —우리 모두가 가지고 있는 본능이다.— 그리고 무용은 의사소통을 위해 다듬어진 동작이다. 완벽한 기술을 익히는 것은 중요하고도 의미 있지만, 무용수는 움직임의 본질을 궁극적으로 표현하고자 한다. (…) 갑자기 공연을 할 수 없게 되고 극장이 폐쇄되며 축제가 취소되는, 우리의 세상은 정지 상태에 놓이게 되었다. 근래 역사상 무용 공동체가 그 존재 이유와 동기를 유지하는 일에 있어서 이처럼 큰 장애를 겪은 적은 없었다.

---

* https://en.wikipedia.org/wiki/International_Dance_Day 검색일 2025. 4. 29.

그러나 뭔가 고귀한 것을 빼앗겼을 때, 바로 이때가 우리에게는 진실로 우리가 하는 것이 얼마나 생명감 있는 것인지, 그리고 무용이 사회에 얼마나 큰 의미를 지니는지를 되새기며 감사할 때이다."

'2022년 세계 무용의 날 메시지'(강수진 Kang Sue-jin, 한국의 무용가)

"(…) COVID-19 팬데믹으로 무용수들이 무대와 관객을 만나지 못해도 우리에게는 적어도 춤이 있습니다. 저 창문 밖 외롭고 지친 관객들은 무용수들의 공감과 위로에 목말라하고 있습니다. 우리 무용수들의 날갯짓이 예술을 사랑하는 이들의 가슴에 희망을 주고, 팬데믹을 극복하는 용기를 준다고 믿습니다."

'2023년 세계 무용의 날 메시지'(양리핑 Yang Liping, 중국의 무용가·안무가)

"무용 – 세계와 소통하는 방식:

몸 언어는 인류의 가장 본능적인 의사소통 방식이다. 신생아처럼 우리는 손발을 사용해서 무용을 만들 수 있다. –말하는 법을 배우기 이전의 몸짓처럼– 이때의 무용은 '원초적인 말'로서 일어난다. 많은 것들이 사람들에게 무용을 촉발시킨다. 나의 고향의 할머니는, 우리 삶에 빛과 온기를 주는 태양에게 감사하는 방식이 춤이라고 언급한 바 있다. 수확이 좋을 때 우리는 대지에 감사하는 기쁨의 마음을 표현하기 위해 들판에서 춤을 춘다. 사랑하는 사람을 만나면 우리는 공작새처럼 애정의 승리를 위해 꼬리 깃털을 펼치는 춤을 추기도 한다. 몸이 아플 때조차 우리는 질병의 악령을 물리치기 위해 신비로운 무용 의식을 사용하기도 한다.

나의 세계에서 무용은 어린 시절부터 우리 존재와 삶에 복잡하게 얽혀 짜여져 왔다. 나의 고향에는 이런 말이 전해진다. '만약 다리를 가지고 있으면서 무용할 수 없다면, 너의 삶을 헛되이 낭비하는 것과 같다.' 무용은 자연과 삶에 밀접히 연결되어 있다. 내가 아는 한 무용은 자연과 하나이며 삶과 동일하다. 무용의 진정한 본질은 이것이다. 어떤 사람들은 혈통을 이어가기 위해, 어떤 사람들은 삶을 즐기기 위해, 어떤 사람들은 경험을 찾기 위해 이 세상에 온다. 내 경우, 나는 삶의 관찰자이다. 나는 어떻게 꽃이 피고 시드는지, 어떻게 구름이 떠가는지, 그리고 어떻게 이슬이 맺히는지 보며 알게 된다. 그러므로 나의 창조적 영감은 모두 자연과 삶에서, 달빛에서, 공작새의 깃털 과시에서, 고치로부터 나비의 변형에서, 수면 위를 스치듯 지나가는 잠자리에서, 꿈틀거리며 기어가는 애벌레에서, 긴 줄을 이루어 나아가는 개미의 행렬에서 온다.

오래전 무대에서 나는 〈공작새의 영혼〉이라는 첫 안무 작품을 춤추며 관객과 만났다. 공작새는 아직도 세계에 존재하는 동물이다. 그것은 신성함을 상징하고 동양의 미(美)를 나타낸다. 왜냐하면 그 외양이 용에 비유할 만한 구체적 자세를 지닌 불사조의 모습과 닮았기 때문이다. 춤추는 동안 나는 공작새의 영혼을 이해하게 되었다. 인류의 무용 문화는 공통된 문화와 속성을 포용하며 방대하다. 우리는 주변의 모든 생명체와 삶, 자연을 관찰하면서 무용의 본질을 끌어낸다. 우리나라는 또한 풍부한 무용 문화를 갖고 있고 나는 열렬히 유산으로서 그것을 이월한다. 그것은 우리의 몸과 마음을 배양하고 세계와 소통할 수 있는 능력을 준다. 나는 전통적인 원시 무용을 수집해서 무대에 올렸다. 즉 〈원난성 인상〉, 〈티벳의 수수께끼〉, 〈푸젠성 인상〉 등이 그것이다. 이 무용들은 모두 본토에서 탄생되었고 우리의 조상들에 의해 유산으로 남겨졌다. 세계에 소개하고 보존하는 노력이 필요한 무용 유산이다. 작품들이 무대에 올려지면 사람들은 그 매혹적인 아름다움과 문화적 함의에 의해 깊은 인상을 받게 된다.

무용인으로서 수십 년간 끊임없이 경계 없는 무용 영역을 개척해 왔고 〈포위 Under Siege〉 -'Farewell My Concubine'의 전체 이야기를 담은 창작- 같은 현대적 실험 작품과 〈봄의 제전〉의 창조자로서 초빙되었다. 나의 예술은 그 영감을 나의 고향의 자연에서, 그리고 나의 개인적 삶의 경험에서, 그리고 동양의 심오한 문화 -세계 문화의 필수적인 부분인 신조와 풍요, 그리고 무엇보다도 영감- 에서 가져온다. '자연에서 배움', '인간과 우주의 통일'은 동양의 미학이며, 철학이며, 지혜이다. 인간으로서 우리는 자연을 존중하고, 자연으로부터 배우며, 마치 땅과 산과 하늘처럼 자연과 조화를 이루어야 한다.

　　무용수와 안무가들은 세상의 기쁨과 슬픔에 보다 더 신중한 주의를 기울일 필요가 있다. 우리가 자연과 해왔던 대화를 무용을 사용해서 완성하고, 수천 년간 지속해온 삶을 무용을 사용해서 완성해야 한다. 오늘 나는 우리의 무용 문화를 계속 나누어 가질 뿐만 아니라 무용을 좋아하고, 자신들의 정서를 무용으로 표현하는 세계의 모든 무용인들을 초대하여 우리의 사랑과 찬양을 하늘과 지구에 전하는 무용을 함께할 수 있기를 희망한다. 삶은 결코 끝나지 않으며 무용은 결코 멈추지 않는다."

　'2024년 세계 무용의 날 메시지'(마리아넬라 누녜스 Marianela Núñez, 아르헨티나 발레댄서)

　　"기억으로 역사를 쓰는 것은 충분하지 않다. 예술의 역사라는 것은 우리 각각의 역사가 다른 사람들의 역사이기도 한 것처럼, 무용 같은 예술이 어떻게 다른 지역으로부터 이주해 와서 다른 지역에서 성장했는지의 역사이다. 로열발레의 벽은 여행의 역사를 서술하는 사진들을 귀하게 여기며, 역사의 주창자들을 회상시켜 준다. 아르헨티나에서의 무용은 그 이름들 각각으로 빛을 내고 있다. 흔히 기관들은 과거의 반향을 대하기를 회피하면서 얼굴이나 이름을 드러내지 않고 스스로를 깊이 감춘다. 아르헨티나 무용협회처럼, 국제극예술협회에 의해 지원받으며 발전하는 기관은 망각을 멈추는 벽으로서의 역할을 한다. 나는 전적으로 여러분과 함께 마스터, 예술가, 안무가들의 역사를 구하고 재활성화할 것이다. 그들은 무용 세계를 풍요롭게 하였기에 미래 세대에게 전달해서 들려줄 가치가 있는 사람들이다. 우리는 모두 관람자가 아니며, 미에 대한 사랑과 소명의식으로 우리의 나아갈 길을 키워가는 전통의 후계자 – 예술, 위엄, 희생으로 구축된– 임을 인식하자! 비록 미래와 현재가 우리 주의를 끌더라도, 과거에 대한 견고한 토대 없이, 그리고 우리 토지의 비옥함 없이 무용나무는 꽃피울 수 없다. 그 뿌리는 전통이며, 동시에 영양분이다."

'2025년 세계 무용의 날 메시지'(미하일 바리시니코프 Mikhail Baryshnikov, 라트비아/미국 댄서 및 안무자)

"무용은 말로 할 수 없는 것을 표현할 수 있다고 한다. 기쁨, 슬픔, 그리고 절망을 볼 수 있게 한다; 우리가 공유하는 허약함의 형상화된 표현. 이때 무용은 공감을 일깨우고 애정을 고무하며 해를 입히기보다는 치료하려는 욕망의 불꽃을 일으킬 수 있다.

특히 –수십만이 전쟁을 견디고 정치적인 격변을 지나며 불의에 항의를 일으키면서– 현재에 정직한 성찰이 중요하다. 그것은 몸, 무용, 예술에 가해지는 무거운 짐이다. 그러나 예술은 말로 할 수 없는 것을 형상화하는 최선의 방법이며, 우리는 스스로 질문함으로써 시작할 수 있다; 나의 진실은 어디 있는가? 어떻게 나와 사회를 존경할 수 있나? 스스로 답을 찾아야 하지 않을까?"**

세계무용의 날 메시지는 세계가 다양한 국면에 직면했을 때 인간의 존엄성을 지키고, 인간적 연결을 조직화하고 환경에 반응해야 할 때를 위해 무용이 나서야 한다는 의미를 담고 있었다. 몸들이 서로 얽히면서 춤추는 것이 금지된 바로 그 시간에, 역설적으로 우리는 더욱 더 많이 춤추고, 춤의 진실을 전파해야 한다는 것이었다. 나는 이러한 메시지의 맥락에 깔려 있는 그 극복의 의지가 곧 예술의 재창조의 의지와 연결되어 있다고 느꼈다. 춤은 가장 어려울 때, 무용수 자신의 존재 이유이며 삶의 동기일 뿐만 아니라 예술을 사랑하는 모든 이들에게 참다운 용기를 불어넣고 고무하는 일이라는 것이다. 그리고 그러한 춤은 반드시 '느림'이라는 지혜를 배우고 익혀야 한다는 것을 코로나 사태가 자극했다고 믿는다.

III.

내가 BIDF 조직위원회 운영위원장으로 근무하던 때, 제17회 BIDF(부산국제무용제) 폐막 축하공연(2021년 6월 7일 오후 7시, 영화의 전당)은 계획대로라면 에콰도르 국립무용단의 내한 공연이 예정되어 있었으나, 코로나 상황으로 인해 해외 단체의 입국이 불가능하여 온라인 무용 매체를 활용하는 방식으로 변경되었다. 폐막 축하 무용 영화로 아크

** https://www.international-dance-day.org/pdfs/messageauthor_2025/IDD_2025_Message_by_MikhailBaryshnikov_EN.pdf 검색일 2025. 4. 29.

람 칸 무용단의 〈침묵의 타오름 프로젝트 The Silent Burn Project〉를 상영한 것이다. 무용단은 2000년 창단되었고, 이 영화는 2020년에 제작된 버전이다. 춤, 음악, 추억, 이야기, 대화 등으로 설계된 무용단 기념 영화다. 아크람 칸의 말을 인용하면, "지금은 우리 무용단의 20년 동안의 발자취를 돌아보고 새로운 눈으로 다시 읽고 반성하는 시간이다."라고 한다. 무용단은 인도 전통무용 '카탁(Kathak)'을 토대로 해서 현대적 동작 어휘와 스토리텔링을 도전적으로 수용하면서 최고 수준의 예술적 협업과 장르 간 융합을 보여주기도 한다.

영화는 무용과 음악이 상호 얽혀 주로 외부 야외 배경으로 촬영되어 있다. 전체를 3악장의 〈지문 심포니 Fingerprint Symphony〉로 나누어 배치하고, 가까운 협력자들과 낯설면서도 친밀한 이야기를 나눈다. 아울러 사이사이 기존 작품에서 심오하고 시적인 짤막한 묘사의 춤을 공연한다. 그 작품들은 주로 자연과 영적인 세계에 강력하게 연결되어 있음을 볼 수 있다. 무용 영화 속에서 무용수 개개인의 순간적 의문, 도전 등을 두루 읽을 수 있다. 신화라든지 서사시 등에서 따온 생소한 이름이나 명칭이 등장하기도 하지만, 하나의 무용이 창작되기까지의 과정을 설명과 함께 보여주고 있다.

영화 마지막에 아크람 칸의 섬세한 독무 장면에 다음과 같은 대사와 함께 메시지를 전한다. "우리 모두에게 지구와 우리 몸에 묻어 놓았던 과거를 일괄 돌아볼 수 있는 기회가 지금이다. 과거를 과거인 채로 남아 있기를 바라는 조용한 희망을 멈추라, 우리는 지금 우리의 과거를 일괄 파헤쳐야 한다. 여전히 방치해 둔 것, 희망, 두려움, 부정적인 것에 뿌리내리고 있는 수많은 과거를 멈추라. 현재 우리 인류에게 과거를 되돌아보려는 용기가 필요하다. 우리는 지구변화의 한가운데에 있다. 우리가 여행하는 것, 움직이는 것, 연결하는 것을 멈추도록 강요받는 순간에 놓여 있지만, 멈추는 것은 단지 일시적인 정지를 의미한다고 믿고 싶다."

    이 영화를 보면서도 나는 어떤 믿음을 다시 갖게 되었다. 이렇듯 창조적인 사고는 '느림'에서 나오는 것인지도 모른다고. 자신의 내면을 바라보고, 무엇을 위해 어디를 향해 달려가고 있는지 생각해 볼 여유가 필요함을 팬데믹으로 인해 정지된 세상 속에서 배울 수 있었다고 생각되었다.

    인류의 재난, 팬데믹은 어디까지 해결되고 있는지 모를 고난 극복의 위기를 겪게 했고, 기후변화라는 생존에 대한 위협과 함께 우리로 하여금 끝이 보이지 않는 어둠의 터널을 지나게 하고 있다. 우리는 긴 시간 무기력하게 사는 것은 아닌가? 우리 삶에 호기로운 기상은 사라진 것일까? 생명이 긴 예술가로 살아남기 위해 자연과 환경의 문제보다 더 아픈 사회적 편견을 무사히 극복할 수 있을까? 나이와 연륜에 차이 없이 모두의 영혼이 예술가 자신의 길을 갈 수 있도록 종을 쳐주는 사회, 그러면서도 냉철히 비판하고 공평하게 기회를 주는 그런 의식 있는 우리 사회를 기대한다.

그런 기대 속에 나 자신과의 영혼과 대화하기 위해, 그리고 나 스스로의 영성을 바로 세우기 위해 내가 적극적으로 선택한 것은 고독, 자발적 고독이었다.

고독한 산책은 대부분 명상으로 채워진다. 무용을 구상하고 나 자신을 성찰할 때 명상은 내게 춤추고 만들 수 있는 용기를 심어 주었다.

"이제 남은 생애 동안 혼자인 나는 위안도, 희망도, 평화도 내 안에서만 찾을 수 있으니 오로지 나 자신에게만 몰두해야 하며, 또 그렇게 하고 싶다."[***]

"노년의 루소에게 명상은 그 자신의 심리에 대한 분석, 아직도 남아있는 회한의 성찰, 즐거운 시절의 회상이며, 이는 때로 감미로운 자연과의 교감에 자신을 내맡기는 초월적 체험인 몽상으로 이어진다."[****]

사회적으로 겪는 자기소외에 대한 깊은 성찰이 나의 작품 〈오랜 연못〉(2022)의 과정에서 나타난다. 이것은 무용인 개인의 경험을 넘어 노년기 무용인의 존재론적 의미를 탐구하는 과정을 동반한다. 어린 시절부터 시작된 무용이라는 삶이 노년의 무용인에게 필요로 하는 것은 인생의 거의 전체를 창의적 도전과 작품을 위한 투쟁으로 보내온 데 대한 보상이 아니다. 예술의 경쟁에서 살아남는 기술도 아니다. 무용과 함께 살아오는 동안 성취했고, 아직도 절실

[***] 장 자크 루소, 『고독한 산책자의 몽상』, 문경자 역, 문학동네, 2016. 14쪽.

[****] 위의 책, 176쪽.

히 필요로 하는 성취가 앞으로는 더 이상 아무런 의미가 없음을 자명하게 받아들이는 일이다. 노년의 무용인에게 진정으로 필요한 것은 자기 자신을 보존하고 회복할 수 있는 탐구, 즉 이제까지와는 다른 자신 내부에 대한 공부와 자아의 탐구이다. 〈오랜 연못〉의 과정에는 무용인 자신이 자아 탐구의 의미에서 시도하는 자신의 영혼과의 대화가 중심에 서 있다.

한 작품 한 작품 창작의 고비를 넘다 보니, 자기 자신의 진정한 만족이 어디서 오고 어떤 상태인지를 자연히 깨닫고, 그것이 노년의 무용인에게 가능한 행복임을 확신한다. 자아의 탐구와 자존감의 회복 없이 행복은 불가능하다. 자신의 이해력이 높아졌다는 점에서 노년기로 접어들었다는 것을 실감한다. 힘이 다하기 전에 지적 능력을 발휘하고 활동력을 회복해보자. 외적인 혁신만큼 지적이고도 정신적인 혁신이 가능한 시기이다. 지금의 열망과 희망하는 상태가 그 기력을 완전히 쇠하기 전에 자신을 좀 더 깊이 탐구하고 자신의 안에서 생명의 자양분을 구하는 데 익숙해져야 한다. 여름은 지나갔으나 겨울의 도래를 준비하지 못한 두려움 때문에 가을바람은 슬프다. 가을은 잃어버린 영혼에게 인생의 짧음과 덧없음을 얘기한다.

무용인에게 춤은 몸적 사유 그 자체이다. 2022년 지금 여기 생명력을 찾기 위해 연못가에 서 있다. 오랜 연못에 던져진 돌멩이 하나로 정적의 깨짐은 놀라움과 더불어 내 존재의 고유함을 의식 속에 드러낸다. 지금 우리 사회는 오래된 것, 옛것, 관습적인 것에 대한 혐오를 포함해서 COVID-19 이후 환경의 변화에서 오는 혐오 감정과 그에 따른 대항 표현 사이의 갈등을 반복하고 있다.

카뮈(Albert Camus)의 부조리의 개념에서 볼 때, "반항은 결코 부정적인 것이 아니라 삶을 긍정하는 의미심장한 행위이다. 당신이 누구인지 정의하는 순간이며, 그것만은 절대 빼앗길 수 없다고 세상과 자기 자신에게 외치는 선언이다."[*****]

〈오랜 연못〉은 그런 반항을 신체적 이미지의 강약, 어둠과 밝음, 능동과 수동, 떨림과 정지, 흐름과 단절 등의 대조적 이미지로서 묘사한다. 삶의 분위기와 내면에 깔린 혐오로부터 생명을 극복한다는 내용을 바탕으로 움직임의 프레이즈들을 연결하여 형식 구조를 완성한다. 지금 여기 오랜 연못에서 영혼의 구원을 위한 손길을 건져 올리며 생명을 찾아간다. 오염된 혐오의 감정을 정화하고, 힘의 본질과 영성을 북돋우는 환희의 의식을 펼친다.

"오랜 연못에 개구리 뛰어드는 소리
경이라는 기분 속에서 신비롭게 보았다.
조용한 연못에 파문이 일어나면서 무수한 동심원이 만들어진다.

[*****] 조니 톰슨Jonny Thomson, 『필로소피 랩 : 내 삶을 바꾸는 오늘의 철학 연구소』, 최다인 역, 윌북, 2021, 69쪽.

고유한 존재를 드러내도록 돕는 수면의 부드러움"

　　혐오의 감정을 수면 아래로 가라앉히면서 이 무용은 사회 속에 더 이상 배움을 줄 수 없는 상황을 침묵시키고자 한다. 혐오 표현의 주제는 불안과 황폐, 정신적 빈곤과 공허의 피폐한 삶에 대한 혐오를 포함해서 주류적 집단의 특성을 겨냥한 적대적 표현으로 볼 수 있다. 성별, 나이, 소속 등이 반감이나 경멸의 대상이 될 때도 있다. 누군가를, 혹은 어떤 집단을 싫어하는 감정은 우리가 속한 사회에서 억압을 당해 온 소수자, 개인 또는 집단이다. 무용은 인생의 참된 긍정과 구원의 가능성을 염원하는 주술적인 디오니소스 찬가를 상상하면서 도취의 세계로 빠져든다.
　　〈오랜 연못〉은 생명의 연못이다. 이 작품은 우리 삶에 생명의 연못을 선사한다. 지혜를, 그리고 스스로 구원하는 젊음을 갖도록 해준다. 더 나아가 광란과 도취 속에서 인간 스스로 망각되는 사이, 삶의 심연과 본질로서의 생명력에 결국 도달한다는 내용을 갖는다. 나의 안무는 사유의 힘으로 계속될 것이다.

05

무용수의 몸 관리

내가 미국 죠프리 발레학교(Joffrey Ballet School)에서 무용수 훈련(Dancer's Training Course)을 체계적으로 받을 때는 20대 초반이었다. 전문가 훈련을 시작하기에 늦은 나이라는 것은 알았지만, 7살부터 여러 가지 무용을 국내에서 배우고 접해왔기에 다른 생각은 미처 하지 못한 채, 러시아 무용가가 직접 가르치는 체계적인 발레 실기 훈련을 시작하게 되었다. 전문무용수는 40대 초반에 보통 은퇴한다고 들었지만, 내 생각은 달랐다. 그 연령대라면 다른 예술 분야 전문가들의 경우 가장 훌륭하거나 힘 있는 작품 활동을 할 시기이며, 그 후로도 몇십 년씩 생산적인 작업을 하던데 무용수의 경우 그들과는 달리 어떤 고충이 몸에 따르는지 짐작은 할 수 있었다. 나는 만 69세에 안무자와 무용수를 겸하여 개인 춤판을 열고 단독으로 무대에서 1시간 공연을 실연하였다. 몸의 기능이 확연히 떨어진다고 느낀 것은 그 이후였다. 실기 중 부상이 있었던 적이 없는데도 자가 치료로는 감당할 수 없는 심한 퇴행성 관절염 증상을 겪었다.

　　이 장에서는 주변의 무용인들과 나의 축적된 경험을 토대로, 미래의 무용인들이 몸의 기능 변화에서 겪는 진퇴

양난의 상황을 어떻게 극복하고 조정할 수 있는지를 터득할 수 있도록 제언하고자 한다. 무용인들이 자신들의 지혜와 몸에 대한 지식, 생명, 그리고 무용 예술을 신중히 대하고, 몸의 변화를 느끼기 전부터 스스로 몸과 마음을 관리하여 60대까지 아름답게 공연할 수 있기를 바란다. 조기 은퇴에 반대하거나 무용수로서의 생존 가능성을 시간적으로 제한하고 있는 젊은 무용인들을 포함해, 의사, 치료사, 교사, 안무가들이 다음의 내용을 참고할 수 있기를 바란다.

    모든 직업에는 자체의 특별한 리듬과 고됨, 위험, 즐거움 등이 있다. 예술가로서의 직업에 몰두하고 그러면서도 장수와 건강을 누리기 위해서는 결정적이고 의미 있는 선택들이 앞에 놓이게 된다. 수많은 선택에는 자신의 권리일 뿐만 아니라, 스스로 찾아내고 계발해야 할 책임도 포함되어 있다.

    무용수는 다른 직업과는 좀 동떨어진 유형인데, 그들의 일과를 살펴보면, 특히 자신의 경험과 감수성 안에 놓여 있는 문제가 하루의 리듬, 그리고 생활 스타일에 관한 것이다. 많은 일을 하기 위해 늦게 자고 일찍 일어나기도 하지만 매일의 실기수업, 수업 체계, 리허설, 공연 등에 대한 현명한 선택이 필요하다.

    무용수가 되기로 결정한 이상, 지속적으로 매일 실기수업을 해야 한다. 성인이 되어서도 하루에 2회의 수업이 필요하다. 전문가 리허설 이외에 혼자서라도 하루 한 번, 한 시간 이상의 수업은 필수다. 며칠 휴가를 다녀왔다면 적어도 1주일 이상은 집중적인 수업이 필요하다.

　　소설가, 화가, 시인들은 몇 달을 쉬고 와서 새로운 기분으로 돌아와 작업할 수 있다. 오랜 기간 종사하던 무용인의 경우, 1주일 정도의 휴가는 무방하다. 그러나 그 후로 무용 없는 날이 쌓여갈수록 실타래가 풀리듯 몸은 흐트러지게 될 것이다. 결국, 조금씩 무용을 그만두는 결과로 이어질 수 있다.

　　머스 커닝햄은 매일의 수업은 무용수를 결정하는 절차이자 행동이라고 한다. 수업은 몸의 가능성과 한계성에 맞서서 도전하게 하고, 무용하는 이유를 새롭게 한다. 수업을 매일 하지 않으면 동작의 체계와 구조가 흐려지고, 결국 무대 위에 섰을 때 무용의 정직성과 권위성이 약화된다. 연습을 통해 가능해지는 무용의 발전과정(process)은 삶의 진행과정 속에서 숨 쉬듯 매일 새로운 경험으로 느껴지며, 그 속에서 의미를 발견하게 한다.

　　컨디션이 좋지 않을 때는 자신의 한계 내에서 연습하면 된다. 피로와 온갖 우울감은 우리에게 오히려 심오한 에너지를 제공하므로, 연습까지 포기할 필요는 없다. 수업 전에는 연습실에 미리 도착해서 마음을 정돈하고 이완시켜, 몸속의 복합적이고도 풍요로운 에너지를 주도적으로 다룰 줄 알아야 한다.

　　무용하기 좋은 육체 상태의 구조는 인대의 성질과 힘에 달려 있다. 인대들은 서로 연결되어 뼈들을 묶어준다. 인대를 스트레칭으로 늘리거나 이완시키면 안되는 이유는 단단했던 관절 연결 부위가 헐렁해지기 때문이다. 발목의 경우 쉽게 염좌 되고, 무릎 관절의 경우 어긋나면서 연골 부상이나 찢어지는 증세가 일어날 수 있다.

건(tendon)은 근육과 뼈를 연결하면서 뼈에 붙어 있으며, 고무줄처럼 만들어진 것이 아니다. 건을 늘려놓으면 원래 길이로 돌아가지 않는다. 반대로, 늘려진 건은 이미 부상을 입은 것이다. 이런 부상들은 섬세한 찢어짐 등 그 범위가 넓을 뿐만아니라, 본래의 힘을 회복하기 어렵다.

충분히 따뜻해진 근육을 스트레칭해야 한다. 차가운 근육은 스트레칭에 저항한다. 스트레칭으로는 근육이 따뜻해지지 않는다. 수축과 이완이 일정 기간 반복되면, 근육 조직에 많고 충분한 혈액이 공급된다. 그렇게 해서 유연성 있는 근육의 신전(extension)이 가능해진다.

차가운 근육을 늘리거나 관절 주변에서 일차적으로 스트레칭 감각을 느끼는 것, 바운스(bounce) 하거나 강요하는 것, 통증이 따르는 것, 웨이트를 부하한 상태에서의 근육 스트레칭 등은 올바르지 않은 경우들이다. 반면에 따뜻하고 충분히 움직인 근육을 스트레칭한다든지 스트레치의 감각을 근육의 내부에서 먼저 느끼는 것, 스트레칭 자세를 30초~60초간 유지하는 것, 약간의 불편함을 넘지 않는 것, 서서 하는 장딴지 근육 스트레칭, 눕거나 앉아서 하는 스트레칭 등은 올바르다.

현대무용 수업에서는 스트레칭에 적절한 시간을 고려해야 한다. 전통 발레 수업에서는 바아(barre) 운동을 마칠 때까지 스트레칭에 특별히 초점을 두지 않는다. 30~40분의 바아운동 후, 무용수들의 근육은 운동으로 따뜻해져 있다.

수업 체계를 갖춘 최선의 테크닉을 위해서는 지도자의 선택이 결정적이다. 고도의 기술은 위험과 모험이 따른다. 용감한 신체는 우리가 안전하고 가능하다고 생각하는 범위를 넘어서 더 멀리 나아간다. 훌륭한 무용 테크닉은 용기와 기술을 동등한 비율로 사용한다.

연습 후에는 15분 정도 몸을 식히고 반드시 스트레칭을 해야 한다. 신체 훈련의 기본원칙 상 강인성과 유연성은 서로 보완되어야 한다. 근육 수축을 심하게, 빠르게, 지속적으로 강화했다면, 동일한 근육군에 대해 느리고 이완된 스트레칭이 반드시 따라야 한다.

모든 육체 활동은 힘이 더해지면 근 긴장이 높아진다. 스트레칭은 근 경련의 가능성을 줄인다. 신체 한 부위만 과도하게 사용하는 동작들이 반복되는 리허설이나 공연 후에는, 반드시 스트레칭이 필요하다. 신체의 비대칭적인 근육 발달은 미래에 심각한 부상으로 이어질 수 있기 때문이다. 90분의 수업 중 혹은 수업 후에는 개별 교정, 몸의 안정화, 스트레칭 시간을 포함하도록 한다.

무용에서 가장 풍요롭고 보람찬 시간은 작품 리허설 시간이다. 실수에 대한 공포 없이 기술을 개발하고, 예기치 못한 발견을 하며 끊임없이 배우는 시간이다. 무엇보다도 음악가, 디자이너 등 동료 예술가들과의 교류 속에서 활기와 균형을 유지하며 공연을 준비하는 이 시간이 바로 리허설이다. 무용수들 사이에서는 리허설에 얼마나 집중하며 참여하느냐에 따라 차이가 있다. 어떤 무용수는 공연과 마찬가지로 리허설에서도 최선을 다해 움직이며, 안무가들은 공연처럼 몰입한 리허설을 통해 작품을 보고 싶어 한다.

남은 리허설 시간에는 다른 무용수를 관찰하며 눈에 띄지 않게, 그러나 멈추지 않고 조용히 움직인다. 발, 손가락, 몸통, 무릎 굽히기 등의 움직임을 무례하지 않게 이어가는 것이다. 리허설에서는 몸의 안전이 가장 중요하다. 피로한 몸보다는 차가운 몸이 더 취약하다. 무용수가 다치거나 컨디션이 좋지 않아도 당사자가 아니면 이를 인식하지 못하는 경우도 많다. 스스로를 이런 상황들로부터 보호할 수 있어야 한다.

안무자로부터 받은 무용 동작을 성실히 수행하는 것은 무용수로서의 기본적인 자질이다. 많은 지도자들은 동작을 천천히 습득하는 학생에게 인내심 있게 가르치지만, 일부 안무자들은 느린 반응을 참지 못한다. 새롭게 배우는 동작에 대한 느린 반응은 연결이 끊기거나 무능력으로 비춰지기 쉽다. 무용수는 동작을 어떻게 수행하는지 정확히 이해할 때, 그 안에 생명력을 불어넣을 수 있다. 바로 그 지점에서 무용수의 진정한 능력이 발현된다.

오디션은 다른 사람의 동작을 신속히 배우고 그 부분에 맞는 스타일로 공연할 수 있는 무용수를 선발하는 일이다. 제작의 성공은 절반이 캐스팅에 달려 있다. 이때 긴장 상태는 안무자들과 오디션 받는 무용수들 모두 공통적으로 경험하는 의식이다. 오디션 전에 두려움을 다소 해소할 수 있는 짧은 명상의 시간을 갖는 것도 불안감을 해소하는 데 도움이 된다. 긴장되지 않은 이완된 몸과 마음으로 임할 때, 그 자체로 깊은 인상을 남길 수 있다.

이상에서 언급한 수업들, 동작 연습들, 리허설, 피로 등 모든 것들의 궁극적인 지향점은 공연이다. 공연 준비부터 공연 중 등 퇴장하는 것 등, 공연에 관련된 모든 행동은 개인에게 있어 깊은 표현의 순간이자 의미 있는 행위이다. 그것은 무용과 공연을 진심으로 사랑해야만 가능한 일이다. 개인적으로 자신있고 충분히 표현적이기 위해 필요하다고 생각되는 바를 해야 한다.

준비되지 않았거나 몸이 불안정한 상태에서 공적인 무대에 서는 것은 곧 재앙을 초래할 수 있다. 7시 반 공연의 경우, 분장을 6시 반까지 완성하고 연습복을 입고 무대 위로 올라가 연습한다. 무대 뒤의 보조 인력 배치를 미리 요청하는 것도 중요하다. 이는 다양한 이유에서 반드시 필요한 일이다.

공연 후 다리 근육의 뭉침이나 경련이 일어나지 않도록 최소 10분 이상 스트레칭은 필수다. 그래야 다음 날의 부상도 방지할 수 있다.

무용인들 대부분은 일이 너무 많다. 생계를 위한 일, 청소, 세탁, 공연, 전문 활동, 사교, 문화생활, 여가 등으로 인해 정작 잠잘 시간이 부족하다. 잠을 충분히 잘수록 일도 잘되고 공연도 더 잘된다. 그러나 현대생활의 구조상 너무 많은 일을 너무 빨리한다. 충분히 뭔가를 할 수 있는 시간을 가지면서 사는, 좀 더 여유롭고 단순한 생활방식을 누구나 갈망한다. 사람은 각자의 최고의 수면시간이 있다. 그런 수면시간 위에 기분이 좋고 하루가 준비되는 삶의 모든 노력을 세워 나아간다. 짧은 낮잠만으로도 머릿속이 맑아지고 마음이 정리되며, 다시 전적으로 움직일 수 있는 활기가 생긴다. 일반적으로 7-8시간의 수면이 필요하다. 잠들지 못하는 경우에는 방법을 찾아야 한다. 그중 하나는 호흡과 이완, 그리고 다양한 동양식 명상법이다.

명상은 의식의 정신이 다른 생각을 지우고, 사유, 존재의 상태, 이완 등을 발견하고 도달할 수 있도록 한다. 또는 삶을 변화시키고, 복잡한 삶에서 생존할 수 있도록, 일시적인 평온을 가능하게 한다. 무용 명상은 통찰력과 창의력을 제공하는 한 예다. 나는 즉흥 수업을 처음 접했을 때 경험이 없어 매우 당황했던 기억이 있다. 몸을 자발적으로 움직이게 하는 힘은 내부적 혹은 외부적 자극이나 그 충동에 있다. 감각적, 관념적, 근육 기능적 자극 등이 있지만, 마음의 준비도 중요하다. 마음과 몸 사이의 분열과 갈등을 연결시키기 위해서는 호흡과 박동에 집중하는 명상이 매우 효과적이다. 움직임 즉흥에 임하기 전, 마음의 집중을 위한 몇 가지 명상 방식들을 내가 경험한 대로 소개하면 다음과 같다.

첫 번째, 호흡과 함께 목, 어깨, 척추를 이용하는 방법이다.

    내쉬기는 척추를 늘려서 길게 만들기, 어깨 이완하기, 어깨는 목에서 떨어뜨리기와 함께 한다. 들이마시기는 척추와 목을 길게 펴는 것과 함께한다. 내쉬고 들이쉬는 이 과정을 반복한다.

    두 번째, 눈을 감고 생각을 비우고 정적으로 준비가 되면, 내가 어떻게 숨 쉬고 있는지에 집중을 하며, 그로 인해 일어나는 모든 것을 관찰한다. 이 모든 것이 선명한 윤곽으로 보여질 때, 그것이 자신의 몸 전체 속으로 스며들어 움직이도록 허용한다. 호흡을 지켜보고 집중하다 보면, 자연스럽게 그 호흡의 깊이와 힘, 느낌, 프레이즈, 속도, 리듬 등이 몸속으로 스며들어 움직임을 자아낸다. 그때의 움직임은 호흡의 메타포가 되어, 호흡이 움직임의 반주 음악이 되고, 몸은 자유로워진다.

    세 번째, 눈을 감고 생각을 비우고 정적으로 준비가 되면, 내 몸의 민감한 부위들에 집중하고 박동의 움직임을 느낀다. 코끝, 귀, 입술, 손끝, 목구멍, 또는 손목 안쪽을 터치해서 확실히 느낄 수 있다. 그것의 시간, 성질 그리고 힘을 관찰하면서, 박동이 몸 전체를 움직이게 하도록 허용하고 이완한다. 이제 나의 몸 전체가 박동 그 자체가 되어 움직인다.

    네 번째, 내적 리듬은 호흡, 박동의 리듬과 비슷하게 시작한다. 내부에 고요한 부분을 들여다본다. 내 일상의 모든 움직임이 자신만의 고유한 곡선 패턴을 만들어 내는지를 살펴본다. 내적 리듬의 변화를 듣고, 감각하고, 몸으로 느낀다면, 그 패턴을 기억하고 자발적 움직임으로 흡수하는 기회를 얻는다.

다음은 무용수의 몸 관리와 관련하여 어떤 부상의 위험이 있을 수 있는지에 대한 것이다.

전문적으로 무용 공부를 시작하는 것은 대개 젊을 때이며, 어떤 경우에는 10세 이전, 또 어떤 경우에는 더 어린 나이부터 시작된다. 무용 생애 중에서 상해의 위험은 시작할 때와 젊을 때가 가장 크다. 젊은 몸은 유연하다. 그래서 표현과 기술에 필요한 움직임을 넓고 자유롭게 성취할 수 있다. 또한 동작기술 중에 악기 연주, 수영, 테니스, 체조, 무용 등을 함으로써 어린 시절부터 고도로 복잡한 신경근 패턴을 발달시킬 수 있는 이점도 있다. 최근 우리나라 무용수들은 놀라운 기술을 가지고 있으며, 대부분이 어릴 때부터 무용 학원을 통해 배워 왔다. 젊은 몸은 넘어지고 실수하더라도 신속히 치유되며 재앙을 피할 수 있도록 아름답게 설계되어 있다. 젊은 몸의 관절은 매우 유연하고 윤활성이 뛰어나다. 근육에는 혈액 공급이 잘 되고, 골격과 연골 표면은 빛과 윤기가 나며 매끄럽고 상처가 없다. 20대 중반이 되면 점차 뼈의 윤활유와 근육의 점액이 줄어들고, 지방이 감소하며, 혈액 공급과 호르몬도 부족해져 오류들이 드러나기 시작한다. 20대 중반부터 후반까지 나타나는 잘못된 수업의 결과 중, 무릎은 잘못된 굽힘으로 인해 옆으로 밀리게 되고, 심할 경우 자신이나 지도자도 모르게 비대칭적인 자세와 움직임 패턴을 얻게 된다. 이것은 한쪽으로 기울어진 머리, 살짝 올라간 어깨, 동체가 한쪽으로 밀리는 척추만곡증을 유발한다. 이런 일들은 젊을 때는 영향을 주지 않지만, 삶의 후반에 커다란 영향을 미친다.

  윤기 있고 매끈하며 반고체인 연골은 마찰과 뼈 사이의 충격을 흡수한다. 유연한 물질로서 마찰과 스트레스를 받아들이고, 뼈처럼 단단하고 잘 부러지는 물질을 보호해준다. 그것은 또한 평생을 지탱하도록 만들어져 있다. 그러나 연골은 재생되지 않으며, 긁히거나 부서지고 작게 잘리거나 찢어질 수 있다. 조금 과장해서 말하면, 대부분의 연골은 혈액순환이 거의 되지 않아 치료나 재생이 매우 드물다. 자신의 상태와 가지고 있는 신체 조건을 잘 살펴보아야 한다. 신체는 강한 부상을 치유할 수 있는 능력을 지니고 있지만 연골은 피부, 뼈, 내부 기관의 조직과는 다르다. 잘못된 수업, 신체에 대한 무시, 기능 약화로 인해 한쪽이 처진 몸은 나쁜 동작 오류를 취하면 회복력은 떨어지고, 결국 오랫동안 지속 가능한 연습조차 문제가 생긴다.*

  자신이 하는 무용에서 나쁜 동작을 발견하기란 쉽지 않을 것이다. 내가 겪었던 가장 나쁜 동작 습관은 발의 회내, 즉 아치를 안쪽으로 굴리는 것이다. 이것은 몸의 무게가 수직으로 내려가지 않고 안쪽으로 돌아가면서 발의 중

---

* Daniel Nagrin, *How to Dance Forever: Surviving Against the Odds*. New York: Harper Collins, 1988. 참조.

심에서 멀어지게 한다. 왜 이런 행동을 하는가? 무릎굽히기(plié) 할 때마다 발이 안쪽으로 회전하는 동작을 반복하면, 발은 괜찮게 느껴질 수 있으나, 내향된 무릎은 착지 시 통증이 없더라도 10년에서 15년 이상 그렇게 지속되면 결국 문제를 유발할 수 있다. 여러 이유가 있지만, 가장 흔한 원인은 다리의 외전(turn out)을 강제로 만들려는 데서 온다.

무릎을 꿇거나 무릎으로 착지 시 무릎에 충격을 주는 동작은 연골에 작은 상처를 남길 수 있다.

발의 주요 근육군과 조절은 종아리에서 우선 일어난다. 점프(jump), 리프(leap), 달리기 등을 할 때 우리의 전체 체중은 바닥의 단단한 표면에 부딪히게 된다. 이때 착지는 부드러워야 한다. 안정된 착지는 훈련받은 무용수들에게 기본이며, 그러지 못한 경우 지속적인 충격은 발목에서 머리까지 영향을 줄 수 있다.

또한 건이 파열되면 약 6주간 치료가 필요하다고 한다. 근육 조직의 파열은 회복 속도가 다양하지만, 회복 시간이 필요하다. 나를 비롯하여 무용수에게 가장 흔하면서도 두려운 뒤틀림은 고관절 깊숙한 곳에서 발생한다. 이런 이탈을 감지하면, 반드시 가장 먼저 해결할 필요가 있다.

부상은 절망감이나 분노에서 비롯되기도 한다. 무용수가 어떤 부정적인 정서를 가지고 있는 상태에서 무용한다는 것은 조정 능력을 상실하게 만들 수 있다. 절망감 같은 무거운 우울 속에서의 동작은 충분한 체력이나 정신적 집중력으로 지탱되지 못할 것이다. 분노에 휘둘리면 무용수는 과도한 힘을 사용할 수도 있다.

만약 무용수로서 훌륭하게 훈련되었다면 무게 이동, 팔다리의 대위 동작, 무릎 굽히기의 깊이 등을 숙고 없이 반응하며 춤을 출 수 있게 된다. 강력성과 지구력 외에도, 지속적인 매일의 훈련은 몸에 내리는 모든 의식적인 명령을 가장 효과적이고 정확하며 무의식적으로 수행하도록 만드는 조정력을 깊이 뿌리내리게 하고 강화한다.

내 경험으로 무용 수업만으로는 근력 운동이 충분하지 않다. 가벼운 걷기만으로는 해결할 수 없기에 웨이트 운동이 도움이 될 수 있다. 마음과 정신력을 함께 강화하고 집중력을 키우기 위해서는 무용하지 않는 시간에도 책을 읽고 글을 쓰는 일을 지속해야 한다. 두뇌를 단련해서 집중력과 판단력이 적절한 수준으로 유지되도록 해야 할 것이다. 실기나 리허설에서 흔히 일어날 수 있는 부상 외에도, 질병을 막기 위해선 건강을 유지하는 생활습관이 우선이며, 수면의 질을 높이고 영양 식단을 잘 챙겨 먹으며 소화 기능을 유지하는 것이 중요하다. 건강을 잃거나 질병은 아니지만 예기치 못한 변화로 인해 체력과 면역력 저하, 높은 염증 수치뿐 아니라 근력 저하까지 이어질 수 있다. 잘못된 생활 습관은 오랜 시간 후 증상으로 나타나 악순환으로 이어질 수 있으므로 신중히 개선하고 스스로 건강과 질병의 문제를 챙겨야 한다. 이 부분은 누구도 대신해 줄 수 없다.

그 밖에도 마음의 건강에 중요한 사회적 유대, 사회 참여, 인간관계 등 사회성을 바탕으로 사람들과 대화하고 이해하고 소통하며, 도움을 줄 수 있을 때 할 수 있는 일들을 사심없이 실천하는 것만이 삶의 의미를 부여한다. 타인의 도움에 지나치게 의존하지 말고 될 수 있는 한 자율적으로 행동하며 자신의 장점을 살려 사회 참여가 가능한 분야를 개발하고, 사회적 역할을 갖는 것도 잊지 말아야 한다.

⑥ 무용인의 행복론*

---

* 이 글은 <예술부산>(2019. 8.)에 일부 게재됨.

아리스토텔레스에 의하면 인간 삶의 궁극적인 목표는 행복이다. 행복은 개인의 잠재력을 실현하기 위한 목표를 발견하고 자기자신의 실천 노력을 포함하는 과정이다. 그가 말하는 'eudaemonia'라는 단어의 접두사 'eu'는 '좋은'을 뜻하고, 'daemonia'는 신성, 능력, 성령, 운명 등 여러 가지 의미를 지닌다.

아리스토텔레스는 목표를 추구하는 인간을 세 부류로 나눈다. 첫째 부류는 좋은 것에 관심을 두고 신체적 즐거움을 찾는다. 둘째 부류는 명예, 즉 사회적 인정을 목표로 한다. 셋째 부류는 자신들의 마음을 충족시키는 것을 목표로 한다. 이는 본질적으로 자기 충족감과 관련된 것이다. 자기 충족감 또는 자기 의지는 아리스토텔레스가 말하는 행복한 삶의 개념에서 중요한 요소이다. 무용인들은 쾌락, 명예, 물질적 부를 추구하기도 하지만, 무용이 그들에게 특별한 이유는 그것이 무용인으로서의 자기 충족감을 주기 때문이다.

아리스토텔레스는 다양한 형태와 수준의 잠재력을 소유하는 여러 범주의 인간을 인식했다. 그의 개념을 적용해

볼 때, 무용인의 경우는 질료인으로서의 몸, 작용인으로서의 무용 테크닉, 형상인으로서의 자질과 재능, 목적인으로서의 훌륭한 신체 수행으로 구분할 수 있다.

오늘날 청년들은 '스스로 만족스러운 삶', '남보다 혹은 지금보다 더 나은 삶'을 추구한다고 해도 틀린 말은 아니다. 청년들이 바라는 행복감은 그런 삶이 실현될 때 충족된다고 볼 수 있다. 대부분의 사람들은 일상생활이 만족스럽고 유쾌할 때 행복해하지만, '가치 있는 삶'을 추구할 때 더 깊은 행복을 느끼는 것 같다.

이 글에서는 '에우다이모니아(eudaemonia)' 개념을 바탕으로 무용인의 '가치 있는 삶'에 대해 조명하고, 그런 삶을 통해 도달하는 행복의 상태에 관해 알아보려고 한다.

무용과 함께하는 삶이 무용인에게 진정한 행복으로 다가갈 수 있도록 하는 데 이 글의 목적이 있다.

I.

그리스어로 '행복'을 의미하는 '에우다이모니아(eudaemonia)'는 신의 뜻과 조화를 이루는 데서 오는 것이며, 세상과 맞서 싸우거나 비판하기보다는 우리가 살아가는 삶의 터전에서 최선을 다하는 것을 의미하기도 한다.

아리스토텔레스를 비롯한 고대 그리스 철학자들이 말한 '에우다이모니아'는 오늘날의 행복 개념과는 다소 차이가 있다. 이와 관련하여 서은국은 『행복의 기원: 인간의 행복은 어디서 오는가』(2014)에서 서양 학자들이 아리스토텔레스가 말한 '가치 있는 삶'을 곧 '행복'으로 해석해 왔다고 설명한다. 심리학자 마틴 셀리그먼(Martin Seligman)은 『에우다이모니아: 좋은 삶(Eudaemonia: The Good Life)』(2004)에서 '제3의 행복 형태'를 지칭하기 위해 이 개념을 사용했다고 밝힌다.

그는 이 개념이 "자신이 지닌 최고의 강점을 인식하고, 자기 자신보다 더 큰 어떤 것을 위해 그 강점을 사용하는 것"이라고 정의하였다. 셀리그먼은 '에우다이모니아'를 '좋은 삶'으로 간주하며, 아리스토텔레스가 말한 행복의 추구가 이러한 삶을 의미한다고 보았다. 아리스토텔레스는 명상의 즐거움, 좋은 대화의 즐거움을 이야기하며, '에우다이모니아'에 도달하면 시간이 멈추고 완전한 평온을 느끼며 자의식은 차단되고 우리는 음악과 하나가 된다고 하였다. 에이브러햄 매슬로(Abraham Maslow)의 인간 욕구 단계에서 '자아실현' 역시 '에우다이모니아'로 보는 시각도 있다.[*] 요약하자면, '에우다이모니아'는 '좋은 영혼'을 뜻하며, 행복을 정의할 때 가치 있는 삶을 가리킨다. 이러한 영적으로 가치 있는 삶에서 진정한 행복이 비롯된다.

II.

사람이 살아간다는 것은 자신의 행복을 바라고 얻으

---

[*] https://terms.naver.com/entry.nhn?docId=2717924&cid=55551&categoryId=55551 참조.

려는 과정에 불과하다. 무용인에게 무용은 곧 자신의 행복을 실현하려는 여정이다. 무용의 이유와 동기가 무용인 자신에게 정향(定向) 되어 있지 않다면, 그 삶을 이해하기는 어려울 것이다. 마찬가지로, 무용인의 삶이 최고선을 추구하는 자기 자신과 관련되지 않거나, 자신을 위한 것이 아니라면 그 삶은 허망하게 느껴질 것이다.

아리스토텔레스에게 행복한 삶이란 최선을 다하는 삶이다. 개인이 각자의 자리에서 최선을 다할 때, 사람들은 서로 충돌 없이 공동체 전체의 최선의 결과를 가져올 수 있다. 아리스토텔레스는 각자가 자신의 잠재력을 발휘하며 삶을 실천할 때 그 삶을 가치 있는 삶, 이상적인 삶으로 본다. 따라서 행복은 다른 세계에서가 아니라, 이 현실 세계에서 실현된다. 개인의 행복과 진정한 삶이 어떤 것인지는 자기 능력의 발휘 여부에 달려 있다.

인간의 본성적인 감각 능력은 학습 없이도 실현된다. 본성적인 능력은 사물과 동물도 지니고 있다. 그러나 탁월성은 그러한 본성의 산물이 아니다. 탁월성은 저절로 발휘되는 본성 같은 능력이 아니라, 오랜 시간에 걸쳐 습득되는 것이다. 아리스토텔레스는 이 점을 강조한다. 인간이 지닌 능력들을 적절히 발휘했을 때 획득된다는 것이다. 탁월성은 여러 선택지 중에서 가장 적절한 것을 선택하는 성품이다. 그리고 그의 '중용' 개념은 그러한 적절한 선택을 뜻하며, 이는 행위 주체에게 유익한 것이라고 한다. 또한 그는 주어진 일을 탁월하게 수행하는 것을 "영혼의 상태 중에서 칭찬받을 만한 것"이라 표현하며, 이러한 탁월성에 따르는 영혼의 활동을 행복이라고 규정함으로써 탁월성과 행복을 연결한다.**

기예와 탐구는 행위 가운데서도 특별한 종류에 속한다. 즉, 전문가, 기술자, 학자, 무용인과 같은 이들이 수행하는 행위로, '좋음'을 목표로 한다. '좋음'이 먼저 설정되어야 행위의 동기가 생겨난다. 삶은 태어나서 죽을 때까지의 성취이자, 좋은 것들의 총합이다. 삶은 다양한 '좋음들'로 구성되어 있으며, 이들 사이에 일정한 질서가 형성되어야 비로소 하나의 온전한 삶이 된다. 다양한 좋음들을 엮어 주는 질서, 그 위계를 결정하는 것이 바로 삶의 최고선 또는 최고의 목적이다. 무용인의 삶의 이유와 동기가 자기 자신의 훌륭함, 곧 '좋음'을 향하고 있으며, 이 좋음들의 위계가 최고선, 즉 '덕에 따른 영혼의 활동'이라는 가치로 형성되어 있을 때, 그는 삶의 목적에 더 가까이 다가가 있는 행복한 삶을 살고 있다고 할 수 있을 것이다.

아리스토텔레스는 인간 고유의 기능이 이성의 능력을 실현하는 삶에 있다고 본다. 따라서 이성의 능력을 발휘하는 유덕한 삶의 양식이 인간의 '좋음'을 구성한다. 내 덕은 나의 삶 전체를 좋은 것으로 만드는 핵심 조건이 된다. 내가 유덕한 인간이 될 때, 나의 삶은 좋은 삶이 된다. 그리고 행복은 가장 좋은 것이다. 그렇기에 행복을 구성하는 실질

** 유원기, 이창우, 「아리스토텔레스」, 21세기북스, 2016, 26쪽.

적인 핵심은 바로 '덕'이다.***

행복이란 무엇인가? 무용의 본질은 무엇이며, 무용인의 본질은 무엇인가? 무용인은 가치 있는 삶을 위해 무엇을 할 수 있고 무용은 그에게 어떤 의미를 주나? 이 문제에 대한 답을 찾으려면 인간의 본질과 실체에 관한 아리스토텔레스의 사유 이외에도 무용인의 육체, 움직임, 무용 동작의 체계(mechanism)와 기술(technique) 등을 분석해서 상호 연관 지어 논의해야 할 것이다.

아리스토텔레스는 '개체들을 이루고 있는 형상과 본질'을 언급하였는데, 이에 따라 본질, 개체(무용인, 무용), 그리고 무용인의 무대 위 신체 수행 활동 등을 사유하면서 실체를 분석해 볼 수 있다. 우선 무용과 무용인의 고유한 본질은 무엇인지에 대해서 생각해 보자.

무용인의 본질은 무용인을 초월해 있는 것이 아니다. 무용인 바깥에서 찾을 것이 아니라 무용인의 내면세계, 내적 현실(진실)에서 찾을 수 있다. 따라서 그의 행복을 알기 위해서는, 내면적 가치 풍토를 살펴보면서, 외적 가치에서 행복의 길을 찾으려는 사회의 혼란을 직시해야 할 것이다. 내면적 가치는 인격의 향상과 관련되며 탁월한 자신만의 예술성을 문제로 삼는다.

여기서 한 무용인이 특유의 정신적 잠재력을 가지고 충분히 자아실현을 발휘할 때 만족스러운 경지에 이르고

*** 앞의 책, 51-52쪽.

내면적 가치로부터 행복을 느낄 수 있다. 이때 여러 가지 타고난 잠재력, 즉 소질 가운데 가장 특출하고 가치가 크다고 생각되는 점을 집중적으로 개발하는 지혜가 필요하다. 그뿐만 아니라 다른 분야와도 어울릴 수 있어야 한다. 이상적인 삶으로 접근하기 위해서는 넓은 시야와 치밀한 분석력이 필요하다. 전문화의 뜻을 같이하고 서로 보완의 역할을 해 줄 수 있는 동료를 만나는 일도 필요하다.

    무용인의 본질과 행복의 본질이 영혼을 매개로 하여 어떻게 조직되고 상호작용하는지 그 과정은 충분히 고려될 수 있다. 무용의 본질은 동작, 기술, 유희, 신체적 탁월, 신체성의 특질, 표현성, 창의성 등을 통해 규명할 수 있다. 어떻게 무용인이 예술가다운지는 자아실현 등 창조 작업에 대한 자신의 신념을 통해 발견될 수 있다. 무용을 통해 무용인이 참을 발견한다면 이는 수행의 차원과 진정성 있는 소통의 가능성을 말해 준다. 여기서 참은 진리, 또 다른 앎의 깨우침이다. 그런 무용인의 모습에서 타인은 도전 의식이나 동기 유발을 접할 수 있을 것이다.

    아리스토텔레스에게 있어서 인간의 행복은 인간이 소유하고 있는 고유한 기능과 소질로서 이성의 능력을 완전하게 발휘하고 실현하는 것이며, 이성, 덕, 행복의 관련성은 주지주의적인 사유를 바탕으로 하고 있다. 아리스토텔레스에 의하면 앎, 지식, 지성 등 '참다운 지혜를 깨달아 덕을 행할 때 행복이 온다'고 하였는데, 이는 생물학적 감각과 본능적 욕구와 기능이 아닌 지성적 사유의 기능만이 인간을 인간답게 한다고 보는 것이다. 구체적인 삶 속에서 이성적 정신이 온전히 실현될 때 이성의 기능을 잘 발휘하는 것이 궁극적인 행복에 도달하는 길이다.

이상의 고찰을 토대로 아리스토텔레스의 행복 조건을 살펴보면,

첫째, 덕이다. 이것은 지속적인 습관에 의해서 갖추어진다.

덕은 공동체적 실천을 통해서, 그리고 다양한 방식과 구체적인 생활을 통해서 행복을 이룬다. 덕은 참을 전제로 한다.

둘째는 중용이다. 이것은 용기, 절도, 후덕, 긍지, 친절 등과 연결된다.

셋째는 선, 즉 자아실현이다. 이것은 도덕적인 생활과 연결되어 있다.

이를 근거로 무용하는 행위의 적합성을 무용인의 정의로움과 신체적 탁월성, 그리고 중용에 두고 고찰하는 것도 가능하다. 무용인에 있어서 행위, 즉 무용 실기 수행(performance)의 정의(justice)는 곧 정의의 덕을 실천하는 것을 의미한다.

아리스토텔레스에 있어서 '정의'는 개인의 선을 공동체의 선으로 전환시킬 수 있는 삶의 원칙이다. 아리스토텔레스에 있어서 올바른 행위는 정행(正行)을 의미한다. 정의는 '각자에게 마땅히 받아야 할 것을 주는 것'이다. 보상적 정의와 분배적 정의의 원칙을 살펴볼 때, 사회 구성원들의

개인적 차이에도 불구하고 함께 추구할 수 있는 공통 가치를 내세우는 것을 말한다. 다시 말해서 쾌락, 명예, 탁월성 그리고 경제적인 부, 그리고 선의 이데아 등은 진정한 행복이라 할 수 없고, 인간이 소유한 고유한 이성의 능력을 발휘하는 것이 궁극적인 인생의 목적이라고 할 때, 그것이 진정한 행복이라 할 수 있다. 정의의 덕은 또한 절제와 용기, 그리고 지혜를 바탕으로 실천된다. 따라서 행위의 정의를 성취하기 위해서는 수행자, 즉 무용인의 탁월(excellence)과 중용이 또한 뒷받침되어야 한다. 이를 통해 행위 이전에 앎이 필요함을 간과해서는 안 된다고 보인다.

그 과정으로서의 '자아 형성'에 대해 좀 더 살펴보면, 앎은 자아 형성을 가능하게 하고, 자아 형성이 이루어져야 비로소 목표 설정이 구체화 되며, 곧 행동으로 이어질 수 있다고 보는 것이다. 행복과 가치 추구에 절대적으로 필요하다고 보이는 주체적 '자아실현'은 앎(지식, 지성 등)으로부터 비롯되어 자아의 형성과 목표 설정, 그리고 행동을 통해 목표를 실현할 때 이루어진다.

다음으로 아리스토텔레스의 행위에 대한 개념을 좀 더 살펴보면서 그가 의미하는 무용인다운 행위가 무엇인지를 파악하려고 한다. 즉 정의, 탁월, 중용과 무용인다운 행위를 결부지어 보는 것이다. 정의와 탁월의 행위는 무용인다운 행위와 어떻게 관련되는가? 즉, 무대 창작 활동과 신체 수행(performance)과 같은 무용인다운 행위는 그 자체가 가치 있으려면, 먼저 정의와 탁월성을 갖추고 있어야 한다.

조화와 중용^{****}의 행위 또한 무용인다운 행위와 관련된다. 즉, 무대 창작 활동과 몸의 실행 등 무용인다운 수행에는 실제로 타인이나 공동체와의 조화와 중용이 필요하다. 다시 말해서, 무용인들 사이의 상호작용 가운데 조화와 중용을 실천함으로써 무용인다운 행위, 더 나아가 공동체를 통한 행복을 찾을 수 있다.

무용인의 행복과 가치 있는 삶은 수행자(performer)로서의 내적 의미(완전한 행복, 행복의 절정)와 외적 의미(사회적 연계, 네트워크)로서의 세상으로 나아간 무용인으로서의 앎과 행동과 진리(과정으로서의 행복)를 통합하여 하나의 큰 행복의 체계로 정립할 수 있다.

III.

바바라 버거(Barbara Berger)는 자신의 저서에서 "우리의 진정한 본성 또는 삶의 본질로서의 행복"에 대해서 언급하였다.^{*****} 그녀에 의하면 외적인 상황이나 사건에서 영향을 받지 않는, 현재의 우리 안에 존재하는 진정한 본성으로서의 행복이 있다는 것이다. 지금 이 순간, 여기에 완전히 전념하고 충실할 때 찾아지는 즐거움이라고 설명하였는데, 무용은 그 순간의 즐거움을 놓치지 않도록 무용인을 붙

**** 중용의 선택은 이성적 능력을 필요로 하는 성품.

***** 바바라 버거, 『하마타면 행복을 모르고 죽을뻔 했다』, 강주헌 역, 나무생각, 2018. 117-119쪽.

드는 강력한 힘을 가지고 있다. 그 이유는 개인마다 차이는 있겠지만, 무용을 수행할 때 신체적, 정신적, 영적 영역이 통일되면서 무용인의 몰입을 가능하게 하기 때문이다. 다른 모든 생각을 멈추고 현재의 순간순간에 충실함으로써, 몸에서 느껴지는 경이로움과 북돋움을 통해 느끼는 행복감을 의미한다.

무용인은 실제 실기를 수행하는 가운데, 현상과 이미지화된 형상을 대상으로, '탁월한 행위', '목표의 성취', '신체 자각 등의 완벽한 느낌의 체험', '자아실현', '이미지의 만족스런 구현' 등을 반성한다. 그러면서 자기 자신과의 지속적 대화, 자신과 무용 사이의 대화 혹은 갈등을 갖는다. 그리고 무용 활동을 수행하는 가운데 무용인 자신과 타 무용인, 또는 관객이나 안무자와의 사이에서의 성취감 등을 통해 체험한 행복의 경지를 주체적으로 밝혀나갈 수 있다.

'에우다이모니아' 개념에 따르면, 행복은 영적으로 가치 있는 삶 자체를 말한다.

가치 있는 삶은 무용인 자신이 스스로 지닌 최고의 힘을 자각하고, 무엇인가를 위해 사용할 줄 안다는 것, 즉 탁월성을 내포한다.

무용인에게 있어서 완전한 행복은 무용인의 신체 활동과 무용인의 영적, 정신적 세계가 하나가 되어, 시간이 멈춘 듯한 완전한 평온감, 즉 행복의 절정을 말한다. 그러한 순간의 발견은 무용 활동과 무용인 사이의 경험적 차원과 가치를 주체적으로 발견하고 반성하면서 찾아가는 과정에서 가능하다. 행복의 절정은 무용인의 내적 세계에서 내면의 체험을 통해 얻어지는 내재적 가치이다. 무용의 본질과 가치는 무용하는 삶의 과정에서 무용인의 내면적 체험의 세계와 통일되고 조화를 이룬다.

    무대 밖이나 실기 수행 중이 아닌 무용인의 외적 세계와 외적 체험은 공간적, 시간적 배경 아래 타인과의 긴밀한 상호작용을 통해 인식되고 실천되며, 결국 진리에 도달한다. 진리에의 도달은 다시 다음의 지식을 위한 자료로 활용되어 순환 구조를 이룬다. 이때 진리에의 도달은 행복과 관련된다.

07

해방 직후 부산지역 현대무용의 형성[1]

---

1 이 논문은 『무용역사기록학』 2024. 9. Vol. 74: 141-164에 일부 게재됨.

목차

초록

Abstract

I. 들어가면서

II. 현대무용의 선구자들

III. 해방 직후 부산지역 현대무용

1. 형성토대

2. 역사적 의미와 미적숭고

IV. 나오면서

참고문헌

초 록

본 연구는 부산 근현대 현대무용사적 관점에서 해방 직후 부산지역 현대무용의 형성을 밝히고 그 역사적 의미와 미적가치를 논의하는 것을 목적으로 한다.
연구방법으로는 정기간행물과 신문의 기사 내용, 교재, 선행연구 등의 문헌자료를 분석하여 해방 직후 무용가들의 작품공연, 교육활동 등을 고찰하였다. 미적가치의 논의를 위해서는 관련기사, 광고자료를 분석 고찰하였다.
부산지역 현대무용은 근대와 계몽기로부터 서양 문명과 신무용의 영향으로 새로운 무용의 창작과 무대활동을 구축해왔다. 해방 직후에 부산지역 현대무용은 민족주의 정신에 입각한 무용창작, 자유로운 개인 순수 작품활동, 인간교육으로서의 무용교육의 실제 등을 실천하였다. 무용교육은 무용연구소와 학교, 무용강습회에서 실천되었다. 해방 직후 부산에서 개인무용회를 개최하고 순수창작활동을 추구한 사람은 박용호, 박이랑 등의 현대무용가들이었으며, 이들은 기존의 부산무용과는 차별화된 현대적 양상을 보였다. 해방 직후는 부산지역의 현대무용이 형성되는 태동기로서 그 역사적 의미가 크다. 또한 다른 지역에서 유입되어 지속적으로 활동한 현대무용가들과 더불어 민족주의 정신의 건설에 앞장서고 민족무용 문화와 새로운 무용의 미학을 제시한 점에서 그 역사적 의미를 찾을 수 있다.

민족주의 정신을 내포한 작품에서 숭고의 미적가치를 찾아볼 수 있었다. 해방 직후 부산지역 현대무용은 6·25전쟁 이후 창작과 교육을 주도하는 무용의 역할을 위한 발판이 되었다.

ABSTRACT

The thesis is about the early modern dance formulation in Busan during the liberation period 1945-1950. The study discusses about historical significance and aesthetic value in a late-modern historical viewpoints.

For this study, literature research methods were used for analysis of previous researches, performance records, educational materials and newspaper articles.

Modern dance in Busan has been established by inflow of new dance, creative dance performances from foreign civilization.

During the liberation periods, modern dancers in Busan, being based on the nationalism realized creative dance and educational dance, opened the individual dance performance, pursued the absolute dance creation. Park Yongho and Park Yirang opened dance performances of their own creative dance pieces. They showed the differentiated aspect from preceding dances in nation. Modern dance during the liberation period opened the beginning of modern dance that is significant in dance history in Busan. The experience of aesthetic sublime which is based on the morality and nationalism that is implied in the dance pieces.

The modern dance activities after the Korean War, formulated during the liberation period in Busan, which led the development of dance activities afterwards.

keywords: liberation period, Busan, modern dance, new dance, aesthetic sublime, nationalism, formulation. 해방 직후, 부산, 현대무용, 신흥무용, 미적 숭고, 민족주의, 형성

I. 들어가면서

근대계몽기 이후 무용에 대한 인식은 일반대중에게 서서히 형성되어 해방 직후(1945-1950년) 현대무용의 발단과 성장을 구축하게 되었다.

본 연구는 현대무용의 탄생과 역사를 토대로 하여 국내에 독일의 표현주의 현대무용의 유입과 함께 부산지역 현대무용에 대해 접근한다.

해방 직후 부산지역 현대무용에 대한 이론적 배경을 살펴보면, 본 논문에서 해방 직후는 서양 문명의 영향으로 현대무용의 본질과 방법에 대한 국내의 관심이 비롯되는 시기이다. 이전에 석정막과 최승희, 조택원 등의 활동으로 신흥무용에 대한 관심은 존재했지만, 해방 직후의 관심은 석정막의 영향을 입은 최승희, 조택원의 신무용이 아닌 독일 표현주의 현대무용과 서양무용에 대한 관심을 말한다. 근대무용[2]의 효시라고 할 수 있는 이사도라 던컨(Isadora Duncan)의 무용과 노이에 탄츠(Neue Tanz)[3]를 일으킨 마리 뷔그만

---

2 부산 근대무용(1918-1942년)은 부산무용의 근대사 즉 연대기적으로는 1894년 갑오경장 이후 해방 전까지이다. 연대기로 본 근대 현대무용은 일제강점기의 1920-1940년대로 볼 수 있다. 부산 근대무용은 방법 면에서 체계화되지 않고 구체적인 설명도 미약하지만 신흥무용이라든가 신무용의 유입 이외에도 한국무용의 소재나 무용기법의 방법과 실기동작면에서 응용을 하거나 적용한 예가 소수 작품에 보인다.

3 '노이에 탄츠'라는 독일 현대무용을 이룬 사람은 마리 뷔그만과 그의 스승 루돌프 본 라반이다. 라반은 댄서로 하여금 무용의 처음부터 끝까지 공간의 리듬에 따라 자신을 밖으로 표출해내도록 자극하는 자연스럽고 역동적인 '동작으로의 욕구(urge to motion)'를 강조하였다. 동작으로의 욕구라는 이 개념에서부터 춤의 움직임은 그것이 무용수의 전반적인 개성 즉

(Mary Wigman)의 절대무용[4]은, 독일 표현주의 현대무용의 효시라고 볼 수 있다. 다양한 방법론과 체계 그리고 그런 다양함 속에 마리 뷔그만의 현대무용의 방법과 원리는 과학적으로 분석되고 체계화되는데 새로운 기법체계와 스타일 등이 간접적으로 국내에 유입되기 시작하였다. 해방 직후에 부산에서는 주로 무용연구소에서 현대무용을 교육하고 공연하기도 하였다.

해방 직후 무용에는 근대성과 현대성[5]의 요인이 내포되어 있다. 예술에서의 근대성은 서양의 근대적 형식을 수용하면서 자생적으로 문화 전체의 구조 속에 제도화될 수 있는 근대문화를 형성한다. 근대성을 무용에서 논의하기 위해서는 민족주의 의식의 고취, 체험적 의식의 고취, 미적 가치 판단 등의 핵심 요지를 다룰 필요가 있다. 즉 서양의 근대적 형식을 수용하면서 형성하게 된 문화 내면에서의 고유

그의 내면의 삶을 표현하는 한 진정한 의미를 갖는다는 생각이 나오게 된 것이다. 이렇게 해서 춤에 관한 이론은 그 첫 번째 원리로서 무용수의 개성표현을 요구한다.(마리 뷔그만 1994, 185-186)

4 절대무용은 춤에 어떤 다른 요소도 포함되어있지 않은 즉 춤의 순수한 본질적인 모습이다. 절대무용이라는 명칭은 독립된 예술로서의 춤, 음악이나 다른 예술형태에 결부되지 않는 무용, 춤 자체로서 자족적인 예술을 말한다. 무용의 본질에 대하여(『매일신보』, 1941. 4. 17. 4면)라는 기사에서 신미원은 무용에는 반드시 음악이 잇서야만 되는것갓치 인식되고 잇는것이나 무용은 절대로 음악을 필요로하는 것은 아니다.고 하였다.

5 근대성과 현대성은 어떤 시기를 지칭하는 연대기적 개념이 아니라 질적 특징을 지시하는 개념이다. 강화도 조약부터 광복 이전까지 한국 근대사의 질적 특징은 근대화, 진보, 변혁의 사상 등을 말한다. 1900년 전후로 부산은 개화기를 지나 그 후 근대화를 시작하였다. 우리나라의 경우 19세기 중엽(갑오경장)부터 해방까지를 근대(late modern)로 볼 수 있다. 현대(contemporary)는 현재와 직접 연관된 1945년부터 시작된다.

의 의식과 가치판단이 존재하기 때문이다. 근대성의 변화 양상으로서 자아의 각성, 사상적 미적 고취 등이 해방 직후 현대무용의 형성을 위해 작용한다고 생각된다.

6·25전쟁과 남북 분단으로 이어지는 역사적 상황을 볼 때 해방 직후는 혼란했던 시기지만 그러한 가운데서도 부산지역에 현대무용이 뿌리를 내리기 시작하는 태동기이다. 이 시기를 태동기로 보는 이유는 부산지역을 중심으로 피난기의 무용이 전개되기 직전의 현대무용 공연무대와 교육 연구소가 처음 등장한 시기이기 때문이다. 따라서 해방 직후는 부산지역 현대무용 형성토대의 시점으로 부산 근현대 무용사에 있어 중요하다. 그러나 선행연구[6] 등에서는 부산지역 현대무용에 국한하지 않고 해방 이후의 무용에 관해 전반적으로 논의하였다. 『한국춤통사』(2014)에서는 한국춤을 역사적 시대구분에 따라 고찰하였다. 『전통춤의 변용과 근대무용의 탄생』(2021)에서는 근대 이후 무용의 발전사를 지역의 구분 없이 포괄적으로 고찰하였다. "한국전쟁기 피란수도 부산 춤계의 지형과 변화"(2023)에서는 피란기 국내 무용의 현황을 부산을 중심으로 고찰하였다.

따라서 이 연구에서는 해방 직후의 시대적 변화와 함께 부산 근현대무용사에 있어 현대무용이 어떻게 형성되어 변

---

[6] 주요 선행연구로서 김영희, 김채원, 김채현, 이종숙, 조경아(2014), 『한국춤통사』; 김호연(2021), 『전통춤의 변용과 근대무용의 탄생』; 김해성(2023), 한국전쟁기 피란수도 부산 춤계의 지형과 변화 등이 있다. 선행연구들은 국내 무용계 전반을 시대별로 나누어 면밀히 다루고 있으나 본 연구는 해방 직후의 부산지역에 초점을 두고 있다.

화 발전되었는지에 집중해서 현대무용가들, 무용조직단체, 그리고 교육 등을 고찰하고 그 역사적 의미와 미적가치를 논의하려는 것이다.

연구방법으로는 신문 매체 등을 통해 해방기 및 해방 직후 현대무용 관련 공연활동과 교육활동의 기록 등을 고찰하였다. 그 밖에 한국무용협회 부산지부와 부산 예총 등 공공기관에서 발행된 기록물, 선행연구논문, 정기간행물, 교재 등의 자료를 바탕으로 분석 고찰하는 문헌연구방법에 의존하였다. 국내 현대무용의 양상과 해방 이후 부산지역 현대무용 태동 사이의 상관관계를 선행연구와 신문기사를 근거로 고찰하였다.

서구의 초기 현대무용에서 근대성과 현대성은 각각 이사도라 던컨과 마리 뷔그만의 무용에서 구별지어 찾아볼 수 있다. 이사도라 던컨 무용의 근대성은 몸과 그 움직임[7] 요소에서 찾아볼 수 있다. 음악의 충동에 따라 일어나는 무용수의 자발적인 움직임에서 자연주의적 성향을 발견할 수 있다. 배구자의 근대춤에서 민요를 반주로 하는 무용, 무용시[8] 등이 이사도라 던컨의 자유무용, 해방 등과 상통한다. 마리

---

7 움직임은 현대무용에 있어서 본질이다. 현대무용 움직임 원리는 무용가에 따라 다양하다. 현대무용의 움직임은 어떤 형식으로든 어떤 내용의 표현을 목적으로 한다.

8 감정이나 느낌을 움직임으로 표현하는 서정성을 강조하는 일종의 추상무용으로 볼 수 있다. 극무용과 비교되며 극적인 요소를 배제하고 몸과 그 움직임을 본질로 한다. 그런 점에서 무용시 또는 자유무용은 현대무용의 본질에 가깝다. 이사도라 던컨의 음악적 충동과 몸의 자발적 움직임에 따르는 자유무용에서 발견된다.

뷔그만의 표현주의 현대무용은 간접적으로 일본의 신무용[9]을 경유해서 도입하기도 하지만 우리나라 현대무용의 수용과 발전에서는 서구의 초기 현대무용의 근대성과 현대성의 요인을 찾아볼 수 있다. 마리 뷔그만의 절대무용(노이에 탄츠)에서는 표현주의의 현대성을 내포한다. 즉 무용수의 표현 욕구를 표출하는 무용의 기능을 살펴볼 수 있는데 상상력을 발휘하고, 끊임없이 무용의 욕구에 집중하면서 풍부한 긴장 상태의 움직임으로 그 욕구를 변형시키는 것이다. 따라서 무용수의 기술은 단련되고 발전되며 점점 확대된다고 볼 수 있다. 인간의 내면세계를 드러내고자 하는 표현 욕구는 타 장르의 무용과는 차별화되는 현대무용의 동력이면서도 긴장 상태라는 움직임의 특질을 갖는다. 인간의 내면세계를 표현하려는 욕구는 해방 직후 부산지역 현대무용가들에서도 찾아볼 수 있다.

이 연구는 지금 시점에서 부산지역 현대무용의 형성을 알아보는 것이다. 이 연구를 통해 부산지역 현대무용 형성을 해방 직후의 활동에서 찾아보고자 한다. 연구자의 분석적 관점에서 해방 직후 부산지역 현대무용이 추구하는 미적가치가 무엇인지를 고찰하려고 한다. 부산지역 현대무용의 역사적 의미와 고유의 미적가치에 대한 규명은 국내 현대무용 역사 연구에 대한 접근이라는 측면에서 의미가 있다.

---

[9] 신무용: 어원은 new dance 즉 마리 뷔그만에서 비롯된 독일 표현주의 현대무용 '노이에 탄츠'이다. 신무용은 최승희와 조택원이 1920년대 후반부터 일제강점기 후반에 공연했던 새로운 무용이며 조선무용을 소재로 발전된 근대무용, 창작무용 등을 지칭한다.

II. 현대무용의 선구자들

해방 후 민족적인 문화와 연관된 초기 현대무용은 계승된 뚜렷한 서양무용의 전통기법이나 표현체계가 있었던 것이 아니고 새로운 무용의 수용과 건설에 대한 작업 의지는 컸던 것으로 판단된다. 부산지역에는 해방 전부터 교육무용강습회(함기봉)(강이문 1963, 1135) 이외에 석정막의 신무용, 최승희 조택원의 신무용, 배구자와 길목성홍 등의 신흥무용[10] 공연들이 지역의 무용에 영향을 미쳤다. 신문화의 영향을 받아 신흥무용을 일으킨 사람들로서 배구자, 함귀봉, 현철, 김해랑[11] 등이 있었다.

일제강점기 동안 민족의 정서와 예술표현 행위는 자유롭지 못한 가운데 1930년대 전후 선구자들의 부산공연은 현

---

[10] 신흥무용의 일반적인 개념은 새로운 무용이며 장르에 국한하지 않고 창작된 예술무용 또는 순수하게 외국무용형태를 말한다. 일본의 무용이나 한국춤을 모티프로 창작한 신무용이 아닌 서양의 모던댄스를 뜻한다. 박영인은 본인의 춤이 신흥무용, 서양양무용이라고 하였다. 1940년대-1950년대 사용된 '신흥무용'이라는 용어는 일제 기간에 수입된 모던댄스, 발레, 신무용, 캐릭터댄스(남방무용 등)를 지칭하며 순수한 전통춤을 제외하고 사용한 명칭이다. 해방 후에 고전무용, 신무용, 모던댄스, 인도춤, 남방춤 등이 따로 공연되기도 했지만 한 공연에 함께 올려지거나 혼합되기도 하였다. 예를 들어 1946년 조선무용예술협회 창립자축공연에서 신흥무용작품들을 볼 수 있다. 정지수, 한동인의 「원무곡」, 이석예의 「마음」, 함귀봉, 김용화의 「산의 즐거움」, 장추화의 「화랑」, 김미화의 「지젤」, 정지수의 「화랑」, 진수방의 「아리랑회상곡」, 그리고 김막인의 실험무용작품들이다. 비슷한 예로 1949년 12월 시공관에서 열린 신흥무용가 합동공연인데, 김막인과 문철민의 「영원한 조국」을 무대에 올렸을 때 서울발레단, 최가야무용단, 장추화무용연구소, 김막인무용그룹, 박용호, 정인방, 박나비 등이 함께 참여하였던 무용이다.

[11] 1920년 현철이 '무대예술연구회'를 개설하였고, 1939년 김해랑이 마산에서 '송건무용연구소'를 개설하고 일찍이 무용활동을 전개했다.(「부산시사」 제4권 1991, 338)

대무용의 형성에 영향을 미쳤을 것으로 판단된다. 다음에서 살펴볼 선구자 무용가들의 부산지역 현대무용 활동을 통해 그 영향을 파악할 수 있다.

1) 배구자

우리나라에 서양의 무용을 처음으로 도입한 무용가는 배구자[12]이다. '천승의 단'을 따라 미국 뉴욕에 갔을 때 석 달간 전문무용을 배우고 일본에서는 석정막의 무용보다는 좀 자유스러운 고전아부(高田雅夫)의 무용을 배웠다고 하였다.(『삼천리』 1929. 9, 99-101). 「아리랑」(김영희 외 2014, 349)은 조선무용을 무대화한 첫 작품으로 알려져 있지만 배구자의 최초 현대무용은 「유모레스크」(1928)[13]였다.

경남출신 배구자는 부산에서 무용발표회("귀자의 무용". 『부산일보』, 1936. 6. 28. 10면)를 통해 부산지역 무용의 탄생에 영

---

12 "배구자는 경남 김해 출신이다. 8세때 도일하여, 천승마술단 레뷰무용수로부터 출발했다 그가 처음 한국 무대에 선 것은 1919년 공도회 주최 제1회 박람회 개최시의 무서울 공연인 바 이것이 곧 우리나라 외무(外舞) 유입의 효시가 된다."(강이문 1963, 1133)

13 「유모레스크」란 딴스는 일종 무언극을 무용화한 것이다. 그 내용은 엇든 가난한 미국 청년이 날마다 주우린 배를 움키어쥐고 길거리로 일자리를 차저다녓스나 그날로 취직은 고사하고 해질리막에 집으로 도라오다가 다리가 너무 압허서 길가 공원벤치에 쓰러져 그만 잠이 들어 버렷다. 그럴때에 그의 눈압헤는 뜻하지 아니한 아름다운 소녀들이 숲풀밧우으로 너울너울 춤추며 날아오더니 맛나는 과일과 떡도 갓다주고 손도 어루만저주며 사랑하는 표정을 보인다. 그는 깁부어서 '인제 나의 봄이 왓구나!'하고 억개춤을 웃줄웃줄 추래들 때에 그만 의자가 한쪽 모통이에 쓰러지면서 잠을 깨고 말엇다. 그는 '꿈이나 꾸지 말엇던들'하고 서운하고 분한 생각에 작고 부르짓는다. 실상 그는 꿈꾸기전보다 더 주우림과 추위와 세상에 대한 원한을 늣긴터라 마츰내 慣然히 그자자리에서 내닷는다.(배구자의 무용전당-신당동 문화촌의 무용연구소방문기(『삼천리』 1929. 9, 99-101)

향을 미쳤다. 부산극장에서의 배구자 일행의 무용발표회 기사에 아동들의 서양 창작무용으로 보이는 사진이 첨부되어있다.

배구자는 서양의 무용을 국내에 처음 도입하여 창작하고 발표회("배구자의 음악무용을 보고". 『중외일보』, 1928. 4. 23. 공회당) 무대를 열었던 한국현대무용의 효시로서 선구자 역할을 하였다. 대중무용, 서양무용 전문가로서 무용연구소를 통해 무용수를 배출하였다. 특히 가무극 형식은 무용과 연극과 민요의 결합형태의 극으로 배구자 특유의 창작방법론이라고 할 수 있다.

2) 최승희

최승희 무용연구소 제1회 창작 무용공연(1930. 2. 1.)을 시작으로 창작무용의 정착과 현대무용의 토대로서 역할을 했다. 석정막의 신무용공연에 출연했고 최승희 무용연구소 개설(1930년) 이후 현대무용작품의 발표("광고, 최승희양 신작무용공연회". 『경성일보』, 1931. 2. 6. "최씨신작발표회". 『경성일보』, 1932. 5. 1.)는 근대의식의 작용으로 볼 수 있는 현대무용이다. 최승희의 신무용 유입은 근대적 사상으로서 해방 이전의 현대무용[14]의 인식과 가치관에 영향을 주었다. 1930년대와 1940년대에는 한국적 소재의 창작공연의 비중이 높아졌는데 즉 한국전통적 색채, 독일 현대적 분위기, 현대무용 요

---

14 석정막의 신무용이나 기존의 무용과는 색다른, 서양에서 도입된 새로운 무용을 뜻한다.

소의 특징들이 작품 제목이나 사진에서 파악된다. 결과적으로 독일 표현주의 현대무용의 표현형식을 수용한 작품들이었다고 판단된다. 최승희의 제자들 예를 들어 김민자, 김막인, 장추화 등은 순회공연이나 연수를 통해 부산지역의 무용에 영향을 미쳤을 것으로 판단된다.('II장 1) 현대무용가들의 활동' 참고) 1940년대 동양무용[15]과 관련해서 최승희의 1940년대 무용은 황국신민화의 매체 또는 동양무용이라는 큰 범주에서 언급할 수 있다.

현대무용의 경우 자연의 몸동작에서 재료를 가져오는 것을 비롯해서 민속무용의 재료도 많이 응용하는데 그렇다고 해서 한국무용이라고 분류하지는 않는다. 응용할 수 있는 장점을 현대무용이 지녔다고 해야 할 것이다. 단지 최승희 무용에는 뷔그만이나 그레이엄의 초기 현대무용에서 필요로 하여 체계화했던 기법의 체계가 나와 있지 않다. 교육방법에서도 어떤 현대무용의 체계(예를 들어 형식과 내용, 동작의 구성, 구조 등)를 논한 부분이 거의 없다. 그럼에도 국내 현대무용에 있어서 박영인의 신흥무용이나 최승희의 신무용을 통해 현대무용의 표현적 본질을 수용하였고 현대무용의 개념을 인식하게 된 것은 1940년대 이후이다. 동작, 음악면에

---

15 일제는 황국신민화와 내선일체를 위한 매개체로 최승희를 활용하였다. 1940년대 초반 그는 '동양무용'을 제창하며 대동아공영권의 영향 속에서 작품을 양산한다. 게다가 공연 수익금은 헌납이라는 형식으로 기부하는 등 자의반 타의반 협력의 모습을 보인다.(김호연 2015, 76)

서 현대무용창작법에 근접한 것으로 「습작」[16]이 있다.

3) 조택원

한국 고유의 춤을 현대무용화하여 무용극[17]으로 발전시킨 작품으로 내선일체를 구현한 것은 「부여회상곡」(1949)[18]이다. 조택원의 해방 후 무용극 창작은 「부여회상곡」 이외에도 「신로불심로」[19](1949, 뉴욕 자연과학박물관 극장)가 있다. 비슷한 시

---

16 '처음 출연한 「습작」은 무음악적 무용으로 타 주악기의 음향작용에 의하야 표현하는 동작을 뵈여주는 것은 사상과 육체의 친밀적 소화로서 고민의 강음적 태도는 무용미 이상 극적 요소를 집중식혀 무용의 본질적 핵심을 위촉하게 되엿다 무용은 참으로 육체의 예술임을 깨닷게 되며 이 육체를 무시하여서는 예술적 표현이 없다는 것을 당 夜氏의 무음악적 작용으로 표현되는 肉脈을 보고 한층 더 절실히 느끼게 되었다.'(최승희 무용을 보고. 「삼천리」 1935. 1, 126-127)

17 무용극형식은 작품의 내용을 기승전결의 연극적인 설화체 구조로 전개해 가면서 무용을 표현하고 전달하려는 이야기 내용중심의 무용이다.

18 「부여회상곡」은 조선총독부, 국민총력조선연맹 그리고 매일신보가 내선일체를 위해 만들어진 작품으로 프로파간다의 대표적인 작품이라 할 수 있다.(김호연 2015, 76에서 재인용 「매일신보」, 1940. 11. 29.)

19 몇 소절씩의 선율이 모여 어떤 때는 느린 진양조로, 또 어떤때는 빠른 단머리로 하나의 악장을 이루곤 했다. 이렇게해서 이루어진 것이 「신로불심로」의 바탕이 되엿다. 그리고 그 이상과 이야기의 줄거리는 오래전부터 가지고 있던 것이었다.
한 여름에 한 노인이 나무 밑에 돗자리를 깔고 누워있다. (이처럼 이 춤은 누운데서부터 시작된다. 이런 것은 발레에서는 있을 수 없는 일이다. 우선 이것을 비롯하여 「신로불심로」에는 발레에서는 있을 수 없는 다시 말하면 발레와 본질적으로 다른 요소가 두드러진 작품이다. 즉 여러 면에서 가장 본질적으로 동양적인 춤, 아니 그보다도 한국적인 춤이다.) 그러자 멀리 은은하게 피리소리가 들려온다 그 늘어진 가락의 피리소리를 듣고 있노라니까 노인도 차차 흥이 나기 시작한다. (이처럼 흥이 거워져야만 춤이 나오는 것 또한 한국춤의 본질이다) 어깨를 으쓱쓱 움직이기 시작한다. 그러고는 느린 진양조로 춤이 시작된다. 그 진양조는 차차 빨라지기 시작한다. 이윽고 격렬한 빠른 템포로 옮아간다. 그리하여 드디어 노인이 쓰러진다.(조택원 1973, 272)

기에 영남지역의 무용극 형식의 작품으로 「마왕의 꿈」이 있었는데, "동여사(김선화)는 일즉이 석정막씨와 최승희 여사의 사사를 받은 노련된 수법으로써 금반 발표회 작품중 일막오장(1막5장)의 「마왕의 꿈」에는 여자 주인공인 '미카엘'로 분하여 여사의 독특한 연기를 보여주리라 한다"("추석선물무용극, 옥파일, 김선화 합동으로". 「영남일보」, 1949. 10. 5. 2면)라는 기사로 미루어 조택원의 무용극은 영남지역의 1960년대 무용극에도 그 영향을 미친 것으로 생각된다.

4) 박영인과 1940년대 무용가들

1930년대 박영인은 부산지역에서 무용을 처음 접했다. 국내에서 공연활동은 없었지만 부산중학교 재학 시 선교사로부터 무용을 배웠다는 기록[20] 및 신문기사[21]를 통해 자신의 무용은 서양양무용이라 하였다. 1930년대 선교사로부터 서양의 무용을 배웠다는 사실은, 석정막의 신무용이나 일본무용과는 다른 내용과 유입의 경로를 보여준다는 점에서 유의미하다.

1940년대 신무용가들로서 일본과 유럽에서 서양의 새로운 무용을 접했던 모던댄스 2세대들로서는, 김민자(최승희

---

20 신춘희. 2019. 울산의 춤, 그리고 울산의 춤꾼. 「2019영남춤학술대회」. 8. 31. 부산동래문화회관대극장.

21 "나의무용은 소위 신흥무용으로 西洋洋舞踊입니다만은 그본고장인 이곳에와서 이와가티 호평을 밧고잇는 것을 보면 그들이 얼마나 호감을 보여주고 잇는가를 알 수 잇습니다"(「매일신보」, 1937. 5. 20.)

제자, 석정막에 사사), 진수방(조택원 제자, 발레 연구소), 박외선(일본에서 1회 개인무용발표회), 박영인(1908년부터 석정막에 사사, 독일에서 활동) 그리고 함귀봉(교육무용가, 일본수학) 등이 있다.

해방 전의 무용공연과 교육에 있어서는 경남출신의 무용인으로서 부산중학교에서 무용을 배운 박영인과 함귀봉이 무용의 근대화의 핵심 인물이다. 대동아전쟁(1941년) 후, 1942년 개최된 '국민무용율동강습'[22]은 대동아문화건설에 도움이 된다는 의도로, 또는 지속적인 내선일체 방법론으로 볼 수 있는 강습이다. 국민무용율동(1941-1942년)이 전시체제 총후 국민생활에서 정서적으로 힘든 현실이기에 그것을 타개할 수 있는 명랑하고 윤택한 삶을 위해 정서교육에 이바지 한다는 내용을 담고 있다.

해방 전과는 다르게 해방 후 부산지역에는 무용연구소와 무용작품발표회가 많아졌고, 신인무용가들이 배출되었다. 그러나 전쟁기[23]를 지나고 월남하여 부산에 정착하고 활동

---

22 "국민율동은 결국 일제가 강조한 '명랑하고 건전한' 황국신민을 만들기 위한 세뇌교육의 하나의 방법론이었고, 민중을 하나로 규격화, 집단화시키는 파시즘의 대표적 교육방법론으로 작용하였다."(김호연 2021, 118)

23 6.25의 참화는 우리의 모든 것을 뒤흔들어 놓았다. 정부가 부산을 임시수도로 함에 따라 모든 분야가 그러했듯이 예술인들도 부산과 대구에 집결하여 임전 태세로 각 분야 예술인들이 군예대에 참가하는 등 부산무용계도 잠시나마 전국무용계의 중심지로 된 느낌이었다. 1951년 1.4후퇴를 계기로 이북과 서울에서 남하한 무용인들과 재부 무용인들의 제각기 군 위문공연을 비롯한 발표회 일반공연 등 산발적인 활동이 전개되었다. '그후 1953년 환도까지의 사이에 부산에서 활동하였거나 거쳐간 무용인은 김동민, 박성옥, 장홍심, 조용자, 정인방, 김천흥, 임정옥, 전황, 김문숙, 이옥화, 옥후현, 김은수, 신영자, 한순옥, 김옥진, 임수영, 진수방 이인범, 송범, 강이문, 김향촌 등이다.(『부산시사』 제4권 1991, 338)

한 무용인들도 있지만 1947년부터 현대무용의 박용호, 발레를 하던 김향촌이 '합동연구소'를 개설하였고 박이랑, 옥파일, 조말선 등이 '교육무용연구소'를 개설하고 아동무용에 전념하였고 1949년 이인범이 발레연구소를 개설한 바 있으며 1950년 박용호와 옥파일이 각각 부산에서 처음으로 발레발표회(부산공회당)를 가진바 있다.(강이문 1963, 1135). 박용호와 김향촌[24]은 함께 부산에 무용연구소를 개설(1948년)하고 현대무용발표회(1950년)를 하였다.

III. 해방 직후 부산지역 현대무용

1. 형성토대

현재 국내 무용 장르를 구분하는 기준으로 해방 직후 현대무용의 장르를 구분할 수는 없다. 본 연구에서 다루는 서양의 새로운 무용은 신흥무용, 석정막의 일본식 현대무용은 신무용 그리고 해방 직후의 현대무용은 민족주의 정신을 바탕으로 한 현대무용이라고 개념을 정할 수 있다. 여기서 '현대무용'은 양식이나 기법 면에서 독일 초기 표현주의 현대무용의 그것들에 근거를 두고 있다.

---

[24] "이 시기에 부산에서 최초로 발레를 춘 남성무용가로는 김향촌(1926-1978)이 있다. 그는 1946년 해방기에 설립된 '조선무용예술가협회'의 발레부 수석위원을 지낸 정지수의 문하에서 처음 발레를 접하였으며, 국내에서는 최승희에게, 러시아에서는 니진스키로부터 가르침을 받았다."(김해성 2016, 74)

1) 현대무용가들의 활동

부산 공회당에서 길목성홍(吉木星虹)의 현대무용 공연("새 무용 신무용신작발표회". 『부산일보』, 1934. 4. 14. 공회당. 길목신무용연구소의 제6회 신작발표회, 부산공회당, 길목성홍)과 여월사의 무용시 공연[25]이 있었다는 기록이 있다. 그 밖에 우리나라 예기의 공연, 일본인의 예기, 동요무용공연 개최의 기록이 신문기사("하동무용발표회". 『경성일보』, 1934. 11. 4.와 "동래온천 예기의 무용계고". 『부산일보』, 1929. 4. 8. 2면 등)에 있는데 반드시 부산 출신의 무용가 활동은 아니더라도 외부로부터 공연이나 연구소 개소, 강습회 개최는 부산의 무용에 영향을 주었을 것으로 생각된다. 해방 후 부산무용에 영향을 미친 무용가들은 김동민, 박용호, 박이랑, 김향촌, 옥파일, 조말선[26], 이인범, 함귀봉, 조용자, 김막인, 김미화, 김혜성 등이다. 현대무용은 1947년에서부터 박용호 박이랑이 부산을 중심으로 활동하였다. 박용호 김향촌이 처음으로 합동연구소를 개설(1947년)했으며, 박이랑 옥파일 등도 주로 학교를 대상으로 무용교육을 전개하였다. 기간 부산극장을 비롯한 경여고 부여고 강당 등에서의 박용호 무용발표회를 필두로 경남부인회예술제(1947년 10월 김혜성 등 재부 무용인 참가, 부산극장), 옥

---

25 기사내용으로 미루어 아동교육무용발표라고 판단됨.("女月社 무용시 童踊발표회 부산 여월사 1주년기념". 『부산일보』, 1934. 6. 17. 2면 공회당. 부산일보(본사)주최, 석정막무용연구소)

26 박이랑, 옥파일, 조말선 등이 '교육무용연구소'를 개설하고 아동무용에 전념하였다(『부산시사』 제4권 1963, 1135)

파일 무용발표회(1950년 부산공회당) 등이 있었다.(강이문 1963, 1137)

박용호, 박이랑, 조말선은 해방 직후 부산지역 현대무용의 형성과 발전의 주요 인물들이다. 이들은 개인무용회를 통한 공연활동, 부산지역 내 무용연구소의 개설, 교육무용강습회 개최 등에 의한 교육활동을 이어가게 되었다. 더 나아가 해방 직후에 비롯된 조선교육무용연구소 또는 지역 군인위안공연 등도 이보다 앞서 발전된 신무용, 무용극, 실험적인 전위무용 등 부산지역 현대무용의 발전과 무관하지 않으며 부산지역 현대무용에 영향이 있다. 무용교육연구소(문교부)를 비롯한 교육무용강습회와 활발했던 개인작품발표 후로는 피란기에 부산을 다녀가거나 남아서 활동한 무용가들의 공연과 무용연구소가 있었다. 또는 부산에 남거나 월북한 현대무용가들도 있었고, 순회공연을 위해 부산을 방문하는 등 다양한 경우가 있었다.

이사도라 던컨의 자연주의 사상은 우리나라 초기 현대무용가들에게 직접적인 영향을 살펴보기는 어려우나 배구자의 민요무용의 경우 음악으로부터의 충동이 춤을 형성하는 계기가 된 것을 볼 때 이사도라 던컨의 음악적 충동에 따른 자발적 자연적 움직임의 발로와 그 맥을 함께 한다고 생각된다. 마리 뷔그만의 노이에 탄츠는 박영인 최승희 조택원 석정막의 초기 현대무용에 이어서 신흥무용 또는 신무용에 직접 혹은 간접적인 영향력이 있었다.

해방 후 무용단체조직이 결성되고 다수 무용가들의 현대

무용 발표회를 비롯하여 교육무용강습회와 무용연구소를 통해 부산지역 무용발전의 기반을 구축하게 된다. 최승희 조택원 같은 신무용가의 무용을 답습하는 데서 벗어나 새로운 무용 형태를 시도한다.[27]

부산 경남지역에서 무용공연을 개최했던 현대무용가의 작품발표와 연구소 교육 등 해방 직후에 일어난 활동 양상을 살펴보면 다음과 같다.

(1) 박용호

조선무용예술협회 창립자축공연("무용예술협회 창립공연". 『현대일보』, 1946. 8. 13. 2면)[28]에서 프로그램 중에 박용호의 「해방」을 발표하였고 이 작품은 부산에서 1950년 박용호 현대무용발표회[29]에서도 공연된 바 있다. 박용호는 1948년에 부산에서 대중무용연구소 제1회 공연에서 신작공연("박용호무용, 대중무용연구소 제1회공연". 『부산신문』, 1948. 11. 26.)을 부산극장에서 26일 밤 1회 한 바 있다.

부산에서의 현대무용활동은 1947년부터 활발해졌다. 박

---

[27] 예를 들어 "1946년 2월에 조선무용예술협회 현대무용 소속의 조용자가 국도극장에서 발표회를 가졌으며, 3월에는 정지수의 신춘무용발표회가 국립극장에서 그리고 5월에는 장추화의 제1회 무용발표회 개최"(양정수 1999, 110-111)가 그것이다. 조용자는 석정막의, 장추화는 최승희의 사사를 받았지만 각자 개인무대를 통한 개인의 작품공연이라는 측면은 새로운 시도라고 볼 수 있다.

[28] 조선무용예술협회에서 창립기념코저 무용인 총동원 시내 국도극장에서 일대공연.

[29] 1950년 박용호와 옥파일이 각각 부산에서 처음으로 발레발표회(부산공회당)를 가진바 있다.(강이문 1963, 1135)

용호와 김향촌의 합동연구소의 개설(1947년)에 이어서, 박용호의 현대무용 연구소 개설(1950년)이 있었다. 무용연구소를 통해 무용교육이 이루어졌고, 1950년 부산극장에서의 '제1회 박용호 현대무용발표회'는 부산지역 최초의 현대무용 개인작품 발표회였다.

그는 '수해동포구제무용음악회'("수해동포구제무용음악회今明양일YMCA에서". 『현대일보』, 1946. 7. 11. 2면)[30]에 출연하여 사회봉사활동을 하였다.

(2) 박이랑

1950년 3월 초 시내 부산극장에서 연구발표회("박이랑 무용회". 『산업신문』, 1950. 2. 7. 2면, 3월초, 부산극장)를 개최한 바 있다. 부산에 무용연구소를 개설("예술무용의 권위자인 박이랑씨는 대청동에다 예술무용연구소를 설치...". 『산업신문』, 1950. 3. 11.)하여 예술무용, 교육무용, 아동무용, 조선고전무용 등 민족예술무용의 발전을 위한 의지를 보였다. 시, 무용, 연극, 음악의 합동축제인 제1회 국민예술제전("제1회 국민예술제전 무용 「아 조국아」 박이랑무용단". 『남조선민보』, 1950. 4. 8.)에서 박이랑의 「아 조국아」라는 작품을 박이랑무용단이 공연하는 것으로 광고되었다.[31]

---

30 7. 11-12양일간 시내 YMCA에서 주야. 무용에 박용호, 김선화 등.
31 주최: 마산지구 과도保導연맹, 부림극장.

(3) 함귀봉

문교부 예술위원회의 함귀봉은 이사도라 던컨과 마리 뷔그만의 현대무용을 기초로 한 교육무용의 정착과 전파에 힘썼다.(한국민족문화대백과사전[Encyclopedia of Korean Culture]. "함귀봉" [검색일: 2024. 4. 1,], https://encykorea.aks.ac.kr/Article/E0074319 참조) 교육무용의 내용과 재료를 현대무용 기법과 구성법에서 찾아 사용한 것으로 파악된다.(『경향신문』, 1946. 12. 19.)

1947년 제1회 무용발표회("제1회 국민예술제전 무용 「아 조국아」 박이랑무용단". 『남조선민보』, 1950. 4. 8. 주최: 마산지구 과도保導연맹, 부림극장)와 관련해서 현대무용의 역학적 구성원리와 현대무용그룹의 독창적 무용제를 알렸다. 또한 문교부 조선교육무용연구소에서 5, 6 양일간 국제극장에서 제1회발표회("교육무용연구소 제1회발표회". 『자유신문』, 1947. 5. 3.)를 개최한다는 기사에서 교육무용과 예술무용에 대한 인식을 강화하였다.

담당 강습회 중에는 해방 후에 체육무용강습회("체육무용강습회". 『중앙신문』, 1946. 7. 10.)[32]가 열렸는데, 부산에서는 1950년에 체육 보건 무용강습회("동기 체육 보건 무용강습회 개최". 『산업신문』, 1950. 1. 17.)[33]가 있었다. 그는 무용예술의 확립과 새로운 민족문화의 일환으로서의 무용건설을 위해 "무

---

[32] 경성사범대학에서 8/1부터 4일간 체육무용강습회 함귀봉 담당 무용 이외에 음악 유희.

[33] 장소/토성국민학교강당. 대상/남녀초중등교사급 일반스포츠맨. 주최/경남고등체육연구소. 후원/경남교육국, 부산시학무국.

용예술의 확립 교육무용과 예술무용 -함귀봉- "(『민국일보』, 1948. 11. 26. 2면)에서 교육으로서의 무용에 대한 올바른 인식을 심어주었다.

교육무용연구소 신설("교육무용연구소 신설 초중등교원에게 교육무용실시". 『독립신보』, 1946. 10. 22.)과 "국민교육건설중"(『현대일보』, 1948. 9. 14.)**34** 관련 기사에 따르면 해방 후 교육무용 강화에 대한 신념을 알 수 있다.

(4) 장추화

1944년 북경 부근의 '동방무용연구소'에서 최승희 제자들을 지도했다. 1945년 최승희를 대신하여 공연단을 이끌고 서울에 공연와서 해방을 맞았다. 최승희도 곧 서울로 들어 왔으나 다시 북한으로 넘어가고, 장추화는 서울에 남아서 공연활동을 주도했다. '장추화무용연구소'를 통해 송범, 황무봉 등 많은 제자를 양성했다. 장추화는 1950년 한국전쟁 때 예술인 선전선동대로 편성되어 한동인, 함귀봉, 최가야, 박이랑, 박용호 등과 함께 9월 24일경 북쪽으로 소환되었다.(한국민족문화대백과사전[Encyclopedia of Korean Culture]. "장추화" [검색일: 2024. 4. 1,], https://encykorea.aks.ac.kr/Article/E0074319참조)

1946년부터 1948년 사이 국도극장, 국제극장 등에서 최

---

34 "문교부에서 조선교육무용연구소 개설, 6개월간 (...)함귀봉씨는 문교부무용교육연구소에 민속무용부를 설치하고 유지다수의 후원을 얻어 국민개무운동을 전개하고 있다. 동 연구소에서는 향토무용의 집성과 근대적 형식연구에 심혈을 주입하고 있다."고 하였다.

승희무용을 답습하는 무용공연("장추화무용회". 『자유신문』, 1946. 5. 10. 2면)[35]을 주로 보였는데, 최승희의 수제자로서 신진무용가로 활약하여 신작무용회("장추화무용, 제1회예술무용공연은 지난 10일 국제극장". 『자유신문』, 1946. 5. 12. 2면. "광고, 장추화무용발표회, 국제극장". 『중앙신문』, 1946. 5. 10. 2면) 이후에도 신작무용회("문화단신, 장추화신작무용회". 『평화일보』, 1948. 10. 14. "장추화 신작무용발표회 제2회. 16일부터 3일간 시공관". 『국제신문』, 1948. 10. 13.)가 있었다.

(5) 김막인

해방 직후에 민족정신과 인간의 내면을 몸으로 표현하려는 의욕이 강했던 김막인의 무용은 해방 직후 부산지역의 현대무용의 형성에 영향을 미쳤다.

조선예술무용협회에 지역 무용인들의 왕래가 늘어나면서 상호작용하고 있을 때 김막인은 창작활동을 했다. 그는 일제강점기에 일본 이시이미도리무용연구소에서 모던댄스를 수학하고 해방 후 서울에서 전위무용으로는 처음 활동한 신흥무용가로 본명은 김해성(金海星)이다. 귀국 후 악극단에 관계하고 쑈의 안무도 했다. 당시로는 드물게 전위무용을 하였다. 1946년 설립된 조선무용예술협회 현대무용부의 임원 및 수차례의 발표회를 개최했다. 작품발표회 전에

---

35 일반의 기대 큰 신진무희 국제극장. 무용곡명 제1부 = 창조의 여신 발레 「인도아가씨」, 「습작」, 「명상」, 「꼭둑각기」, 「희생」, 「古今想思」 제2부 = 8. 15 「라오펜」, 「다부라의 리듬」.

칼멘다방에서 작품 검토회를 열기도 했다. 작품의 주제는 현실적 과제나 문명의 폐해, 죽음, 운명 등과 같은 주제를 다루었고, 전위적이며 즉흥적 작품을 공연했다. 「법을 굴리는 자」는 공연 전 막 뒤에서 춤의 작의(作意)와 내용을 문학적으로 설명한 다음, 무대 하수 쪽에서 판토마임의 동작을 하다가 무대 하수로 퇴장하는 춤이다. 인간이 법을 만들고 그 법에 속박되어 고민하고 뉘우치고 자기분열하는 모습을 표현했다. 또 「전투의 죽음」,「나는 죽음의 소리를 들었다」에서 팔을 교대로 요동치거나 자루 속에서 꿈틀대는 무기교적 움직임들과 선을 그어놓고 왕래하며 참담한 심정을 표현하였다는 평을 받았다.(한국민족문화대백과사전[Encyclopedia of Korean Culture]. "김막인" [검색일: 2024. 4. 1,], https://encykorea.aks.ac.kr/Article/E0074319 참조)

1947년과 1948년[36] 현대무용작품 발표에서 개성적 안무를 보였고, 특히 제2회 김막인 무용발표회("김막인 무용발표회". 「한성일보」, 1948. 5. 3. 2면)를 3회에 걸쳐 시공관에서 개최했다. 현대무용에 있어 다각적인 신작을 들고 신진무용가 20여명의 찬조출연으로 집단적인 힘찬 군무를 펼쳤다고 한다.

---

36 김막인무용작품발표회에 대한 기사로서 조선현대무용계의 이채 김막인 무용작품발표회 시공관. 「부인신문」, 1948. 5. 5. 1면. 창작무용작품발표회. 「조선중앙일보(유해붕)」, 1948. 5. 6. 2면 2회 5월 7-8일 시공관. 시공관에서 제2회김막인무용발표회. 「자유신문」, 1948. 5. 3. 1면 신진무용가 20명 찬조출연. 김막인무용발표회 5/7-8 시공관에서 송범 조용왕(汪) 김일영 외 16명 찬조출연. 「조선중앙일보(유해붕)」, 1948. 5. 6. 2면. 김막인무용회 7, 8일 시공관에서 개최. 「독립신보」, 1948. 5. 5. 등이 있다.

창작무용 그리고 실험적인 전위무용으로 알려진 김막인은 작품성에 있어서 우리나라 현대무용의 효시라고 생각된다. 왜냐하면 첫째, 무용의 소재가 실험적이다. 둘째, 군무 집단표현을 한다. 셋째, 이시 미도리의 무용기법에 의존한다. 다시 말해서 무용의 소재면, 구성면, 기법면에서 현대무용의 원리에 접근하였기 때문이다. 예를 들어 1940년대 유럽과 미국의 현대무용은 모더니즘의 전성기를 지나고 있었는데 표현하고자 하는 내용의 고유성과 중요성, 주관적인 개성의 표현성 극대화, 무용소재의 발굴, 체계적인 무용동작기법, 작품구성법과 안무법의 개발 등이 현대무용의 절정을 이루었다. 김막인은 무용 소재면, 군무 표현의 구성면 그리고 무용 기법면에서 현대무용의 동시대적 흐름과 함께 했다고 볼 수 있다.

(6) 조용자

1948년 부산에서 조용자는 무용작품발표회("조용자무용가 2일간 공연". 『부산신문』, 1948. 3. 30. 2면)를 개최했다. 이 공연에서는 「석불」, 「북장」, 「탈춤취발이」, 「춘향의 일편단심」 등의 작품을 발표했다. 제목에서 한국과 한국무용에서 소재를 찾아 창작한 작품임을 느낄 수 있다. 타지에서 1944년, 1945년에 2회의 무용발표회를 하고, 그 후에도 다양한 지역에서 무용작품발표회(광고, "조용자무용공연회 국제극장". 『중앙신문』, 1946. 2. 8. 1면)를 했다. 특히 1946년의 신작발표에서는 '해방의 새봄을 찬미하는 새조선 예술계는 활발한 전진을 전개하고 있는데 세 작품으로 조선의 향토시와 고전물에서 취제를 주로 하고 특히 해방된 조선의 웅장한 전진을 상징한 1)봉선화 2)봄노래 3)해방전과후 4)애국가 5)강찬무' 등이였다. 공연프로그램은 박용호와 박이랑과는 다르게 한국 소재와 고전물에서 작품이 개발된 것을 알 수 있다.

부산출신 조용자는 1957년까지 부산에서 공연하였다. 부산 피란때 무용연구소를 개설했다. 발표 작품들은 현대무용을 응용한 한국창작무용으로 생각되고 교육무용과 창작무용은 현대무용의 본질인 표현성과 상통하는 부분이 많다. 부산공연을 계기로 부산에서 고전무용과 교육무용 연구생을 모집("조용자무용대". 『부산신문』, 1948. 3. 31. 2면)하여 교육하였다.

그 외 지역의 공연을 보면, "조용자무용공연"(『대구시보』, 1946. 6. 6.)이 6월 7, 8일 양일간 대구 키네마에서 개최되었고 이 공연에는 특히 미군인도 초대한다고 하였다. "조용자무용발표"(『자유신문』, 1946. 5. 14. 2면)에서는 신작을 모아 오는 2월 11일부터 3일간 주야3회로 映都문화사 주최와 건국부녀 동맹 후원 아래 국제극장에서 신춘발표회를 갖는다는 보도가 있었다. 시민관(『자유신문』, 1949. 11. 25.)에서의 신작발표는 「화랑」, 「산조」등의 솔로와 「산적」, 「언덕 위에서」, 「우정」등의 듀엣 그리고 「여명」, 「카시몬도의 비극」등의 군무가 있었고 「불」(무용극)등의 다채로운 프로그램이 있었다. 그 밖에 그는 무용교육활동("중초등여교원에게 교육무용강습회". 『영남일보』, 1947. 12. 28. 2면)에서 교육무용부문 강사를 맡았다.

(7) 그 밖의 무용가

"일본에서 무용을 전공하고 1944년 서울 부민관에서의 첫 공연으로 인기를 끌든 김미화는 고향 전주에서 꾸준히 연구를 거듭하는 중 제2차 공연을 19일 20일 양일간 서울 시공관에서 연다"("김미화여사 무용회개최". 『한성일보』, 1948. 6. 19. 2면)고 하였다. 해당 기사에 따르면 동여사는 일본서 6년간 석정막 수렵궁춘문하에 무용을 전공한 후 「지열」을 추어 무용계의 이채를 보여주었다고 하였다.

"조택원무용연구소에서 서양무용을 연구하든 정인방씨는 11, 12양일간 서울극장에서 제2회신작발표를 하였다."("정인방무용회". 『중앙신문』, 1946. 2. 11. 2면). 군무공연으로 "김미화무용회 군극"(『군산신문』, 1948. 8. 19.)이 있었다.

"무용예술협회에서는 조선의 무용가의 총동원장 약O백명에 달하는 조선무용계 초유의 역사적 대공연의 공연이익금은 장차 설립할 무용예술학교의 기금에 충당하리라하였다."("무용예협대공연". 『영남일보』, 1946. 8. 10. 2면) 또한 "60만세 운동을 기념하기 위하야 조선영화동맹과 예술통신사공동주최로 6월 10일 시내 국제극장에서 열리는데 무용은 조택원이 한다."(『독립신문』, 1946. 5. 31.)고 하였다.

'진수방무용발표회'(『경성일보』, 1945. 3. 25.) 제1회무용발표회는 경성 부민관에서 있었고, '조용자 래구 무용회 개최'(『영남일보』, 1946. 6. 9.)가 있었다. 또한 '광고 임경희예술무용공연'(『영남일보』, 1945. 10. 23. 대구 키네마구락부) 알림이 있었고 귀국 제1회공연("임경희양 무용회". 『대한독립신문』, 1946. 7. 2. 국도극장)을 알렸다. 최승희 문하생일동찬조출연이 있었고 동양 창작 「춤추는 심청전」으로 인기를 모았다 했다. 대구에서 '이규석 무용발표회'(『영남일보』, 1946. 7. 25.)와 '김상규무용발표회'(『영남일보』, 1949. 9. 1. 2면)가 있었다.

2) 무용조직단체
(1) 조선무용건설본부

조선무용건설본부가 1945년 9월 3일 조직되었다.[37] 역경 속에서도 무용가들의 사회적 과제에의 관심으로 처음 무용인에 의한 협동체가 조직된 것이다. 무용건설본부의 결성[38]은 대중성 확보에도 영향이 있었다. 문화건설중앙협의회 산하 무용건설본부 조직에 따라 11월 초순에 국제극장에서 3일간의 합동공연을 가졌다.[39] 특기할만한 사항은 지방순회공

---

[37] 박용호, 정지수, 김민자, 진수방, 한동인, 장추화, 이석예, 김애성, 김해성, 정인방, 양선방 등 40여명의 신진 무용인들이 주축이 되어 한국 무용의 초석을 다지며 식민지 잔해 청산과 새로운 춤의 토대 확립을 위해 설립하였다. 해방 직후 일본에서 활동하지 않은 무용가들과 국내 젊은 무용가들이 과거의 굴레로부터 과감히 탈피하여 새로운 무용을 추구하고자 결성되었지만 당시의 사회적 풍토 와 타분야와의 경쟁적 의식으로 결성되었기 때문에 별다른 성과를 거두지 못한채 명무실한 단체가 되었고, 구성원들 사이의 대립과 운영 미숙으로 이듬해 해산되었다.(한국민족문화대백과사전[Encyclopedia of Korean Culture]. 조선무용건설본부 [검색일: 2024. 4. 1.], https://encykorea.aks.ac.kr/Article/E0074319참조).

[38] 특기할 것이 있다면 그것은 '무용예술의 민중 속에의 접근'이라는 슬로건을 걸고 동년 10월 초순에서부터 약 1개월반에 걸쳐 무용건설본부 소속 젊은 무용가들이 전국방방곡곡에 산개하여 순연함으로써 무용예술을 대중에게 보여준 점이라 하겠다.(민족미학연구소 엮음 2001, 222)

[39] 이 집단의 업적이란 겨우 동년 11월초 서울 국제극장에서 합동공연과 10월초부터 약 1개월 반에 걸친 회원들의 지방순연을 끝으로 해산되고 말았다. 여기에 참가한 사람은 김민자 진수방 양선방 장추화 이석예 김애성 이정희 정지수 김해성 한동인 박용호 정인방 등이었다.(강

연 등으로 무용의 대중적 접근을 넓혀간 점에 놓여있었다.

(2) 1946년 6월 조선무용예술협회 결성

1946년 6월 8일 결성된 조선무용예술협회[40]는 한 두 차례 공연 후 별다른 시도는 없었지만, 현대무용부의 최승희 조용자 김막인 박용호 김혜성 등이 현대무용을 건설해 나아가려는 움직임을 엿보게 한다. 현대무용부 위원 박용호는 부산에서 현대무용작품발표와 연구소 운영을 하였다. 특히 창립자축공연은 모던댄스, 발레, 캐릭터댄스를 모두 포함시켰다.[41] 이 조직(조택원 함귀봉 등 한국민속무용가를 제외한 무

이문 1963, 1136)

40 위원장 조택원(趙澤元), 부위원장 함귀봉(咸貴奉), 현대무용 수석위원 최승희(崔承喜), 서기장 문철민(文哲民), 서기국장 박용호, 장추화 등으로 구성되어 조직되었다. 현대무용부, 발레부, 교육무용부, 이론부, 미술부의 5개 부문의 종합조직체로 구성되었고 5개 부처마다 수석위원과 위원을 두었다. 창립공연은 8월 5일부터 3일간 을지로 국도극장에서 18개의 작품(「원무곡」, 「봉선화」, 「산신무」, 「비단거미」, 「마음」, 「탕자의 골맥」, 「악」, 「탈춤」, 「만종」, 「무고」, 「해방」, 「아리랑」, 「회상곡」, 「산의 즐거움」, 「여명」, 「다부라의 리듬」, 「화랑」, 「지열」, 「애국가」를 공연하였고, 마지막 「애국가」에는 출연자 200여 명 전원이 공연하였다. 해방 이후 기성무용인이 핵심이 된 한국 무대 무용인 전체를 총망라한 최초의 전국 규모 단일조직체였다. 이 단체는 주로 신무용을 귀착시켜 한국무용예술의 방향을 모색하였고 그 조직 안에 조명, 장치, 의상 등 자매예술의 참여를 꾀하였다는 점에서 구성상 체제를 잘 갖춘 조직체라는 평가를 받고 있다.(한국민족문화대백과사전[Encyclopedia of Korean Culture]. 조선무용예술협회 [검색일: 2024. 4. 1.], https://encykorea.aks.ac.kr/Article/E0074319참조).

41 1946년 조선무용예술협회 창립자축공연의 프로그램에서 신흥무용의 면면을 볼 수 있다. 정지수 한동인의 「원무곡」, 조용자의 「봉선화」, 이석예의 「마음」, 김해성의 「탕자의 골맥」, 구연묵의 「고품」, 박용호의 「해방」, 진수방의 「아리랑회상곡」, 함귀봉과 김용화의 「山의 즐거움」, 조익환의 「영명」, 장추화의 「다부라의 리듬」, 정지수의 「화랑」, 김미화의 「지열地熱」 등이다. 이 공연은 모던댄스와 발레와 캐릭터댄스를 모두 포함하고 있다.(김영희 외 2014, 369-370).

용가들로 이루어짐)은 무용공동체, 무용협동조직체, 민중과 대중에 접근할 수 있는 기획 이외에도 서양무용의 도입이 직접 이루어질 수 있는 시기를 맞게 된다. 조선무용예술협회는 현대무용을 분류해서 최승희를 위원장으로, 위원들로서는 김민자 진수방 조용자 김미화 장추화 이석예 박용호 김해성 등으로 구성되었다. 위원들 대부분의 활동이 현대무용, 신무용, 교육무용 등의 명칭으로 부산에서도 행하여져 왔음을 미루어볼 때 해방 후 부산에서의 공연과 교육활동을 통해 부산 현대무용에 영향을 미쳤다고 생각된다. 무용해부학, 무용미학 등의 지식과 새로운 기법을 수용하면서 무용가들은 협력과 교류로서 발전해갔다.

이 기간 조선민속무용의 건설은 조선적 색채가 있는 향토적 무용의 발전과 관련 있다. 예를 들어 민족성을 내포한 조선적 분위기의 작품에서 찾아볼 수 있다.

(3) 조선무용예술협회 교육무용부 함귀봉의 조선교육무용연구소[42]

교육무용의 목적은 창의성 개발 및 전인의 완성에 있다.

---

[42] 1946년 명동에 개설되어 신흥무용과 교육무용을 위주로 연구와 교육하고 이상적인 학교무용의 정립과 현대무용(신흥무용)의 개발을 이념으로 하였다. 훈련방법으로는 마리 뷔그만의 자연운동, 달크로즈의 유리드믹스 등의 기법을 사용하였다. 연구소의 목표는 학교에 기본훈련법 리드믹을 도입하고 초중고등학교에서 무용을 정과목으로 교육하며, 무용교원 면허제를 지향하는 것이다. 본과입소자격은 대학 졸업생 이상이며, 교과과정으로서 필수과목은 신흥무용 기본, 무용교수법, 무용교수요목연구 조선고전무용기법, 서양고전무용기법, 민속무용이며 선택과목은 예술학, 교육학, 음악개론, 무대조명론, 무대장치론, 무대화장법, 의상론, 미술개론, 국악감상이고 이론부는 문철민이 담당하였다.

심미적 소통을 위한 공연예술로서의 창작의 목적이 교육무용의 목적과 일치하지는 않지만 문교부 산하의 조선교육무용연구소를 중심으로 무용교육론과 실기강습회에서 다루어진 표현으로서의 무용을 지향하는 교과과정의 목표나 과목 내용을 미루어볼 때 교육무용과 현대무용은 모두 표현, 창의, 제작 등의 측면을 지향할 뿐만 아니라 동질의 공통요소들을 내포한다.

조선무용건설본부, 조선무용예술협회의 결성으로 해방 후 무용단체활동이 비롯되었고 함귀봉이 세운 조선교육무용연구소는 현대무용과 교육무용의 역할을 하면서 1950년대 무용계에 영향을 미쳤다. 강이문은 특히 인격의 완성을 위한 전인교육으로서의 무용교육[43]에 관해 표명하였다.

1946년 12월 19일 경향신문에 쓴 함귀봉의 글에 의하면, '현대무용의 길은 그대로 교육의 길이요 학교무용의 길이다'고 하였으니 1940년대 조용자, 김민자, 함귀봉 등에 의한 무용강습회가 초중고등학교 교사 등을 대상으로 꾸준히 개최된 것으로 부산 해방공간에서의 현대무용의 존재를 충분히 밝힐 수 있다.(김호연 2021, 220)

1949년의 현대무용집단 소속 조용자의 공연, 함귀봉의 강습, 김막인의 공연 등은 현대무용을 전개해 가고 무용인들에게 영향을 주었다고 생각된다. 그 밖에 한성준이 설립

---

43 무용교육을 통한 이상적 인간이란 인간성의 조화적 발달을 뜻한다. 건강하고 운동능력을 갖춘 신체, 지적, 정적, 의적 작용이 다 같이 균형 있게 발달하고 진선미 등 문화적 가치를 추구한다는 조건을 구비한 인간을 말한다.(민족미학연구소 엮음 2001, 278).

(1937년)한 조선음악무용연구회도 있었다.[44]

  1945년에 부산지역 토성동에 김동민은 강태홍과 더불어 '경남국악원'을 개설하고 민속무용발표 공연을 가진바 있다. 외국무용에서는 김향촌이 '합동연구소'를 개설하였고 박이랑, 옥파일, 조말선 등이 '교육무용연구소'를 개설하고 아동무용에 전념하였고 1949년 이인범이 발레연구소를 개설한 바 있으며 1950년 박용호와 옥파일이 각각 부산에서 처음으로 발레발표회(부산공회당)를 가진바 있다.(강이문 1963. 1135) 이 무렵 각자의 대표작품은 박용호의 '해방(현대무용)', 옥파일의 '산적'('세라자드', '백조의 호수중에서'), 박이랑의 '정렬(현대무용)'등이다.(『부산시사』제4권 1991, 338) 여기서 부산 현대무용교육의 주요인물은 박용호, 박이랑, 교육무용에 박이랑, 옥파일, 조말선, 조용자라고 볼 수 있다. 1945년부터 부산지역 현대무용은 박용호 현대무용연구소(대중무용연구소) 김향촌과 합동연구소(대신동), 조말선 교육무용연구소(동대신동), 박이랑의 무용연구소[45] 등에서 교육되었다.

---

44 1930년대 최승희 조택원의 신무용, 서양춤들의 무대가 있을 때, 기생들의 조선춤들은 다른 볼거리에 밀려있고 요리집 무대에서 추어졌다. 판소리와 가요, 신민요는 많았다. 권번에서 기생들에게 소리, 무도, 레뷰춤들을 가르쳐서 공연, 놀음에 내보내고 있었다. 그래서 조선춤은 축소되고 기생들도 축소되는 그런 상황에서, 판소리의 명고수였으며, 권번에서 춤을 가르쳤던 한성준이 1937. 12. 28.에 조선음악무용연구회를 설립했다(김영희 외 2014, 355).

45 박이랑 무용연구소 입소식 거행. 『부산일보』, 1950. 3. 23. '기보한 박이랑무용연구소 입소식은 지난 21일 하오6시 시내 건국대학에서 내빈 다수 임석리 뜻깊게 거행되였는데 참석한 입소생은 약 50명에 달하였으며 앞으로의 동소의 발전과 무용예술향상에 기대가 크다.'

2. 역사적 의미와 미적 숭고

1) 역사적 의미

한국 근현대무용사에서 1945년 해방 이후부터 6·25전쟁이 일어난 1950년대까지는 정치적 상황에 부딪혀 혼돈기와 공백의 시기가 이어졌다. "당시, 부산은 해방이 되자 중국, 일본 등지에서 활동하던 무용가들이 귀국하여 정착하고, 한국전쟁 때 피난 온 무용인들로 문전성시(門前成市)를 이루는 등 그동안 향토무용 일색이었던 춤계가 활기를 띠었으며, 신흥무용의 붐이 일기 시작하였다."(김해성 2017, 24)고 하였다. 신흥무용은 현대무용을 포함한 외국의 무용을 포괄적으로 지칭하고 있어 무용의 범위가 넓은 개념임에도 불구하고 해방 직후에는 현대무용 작품발표라는 주제로 무대가 열렸다.

무엇보다도 1945년과 1950년 사이 우리나라 무용가들은 민족문화의 건설에 대한 시대적 과제를 깊이 인식했다. 작품의 모티프를 우리 민족의 무용에서 찾고, 민족무용 문화에 대한 의지로 합동공연을 추진했다. 1949년 12월 시공관에서 현대무용가 김막인 작, 연출 「영원한 조국」에는 부산지역 박용호를 비롯하여 참가한 단체들은 서울발레단(한동인, 정지수, 장추화), 최가야무용단, 장추화 무용연구소, 김막인 무용그룹, 박용호, 정인방, 박나비 등이었다.

부산에서 지속적으로 활동한 현대무용가들 대부분은 타지에서 유입되어 교육, 공연, 사회 활동 등을 펴나갔다. 아울러 부산지역에 현대무용의 뿌리를 내리면서 견고한 예술적 형성과 발전에 필요한 문화적 기반을 다른 지역의 무용가들과 교류하는 가운데 폭넓게 확보하기도 하였다. 과거의 서정성을 추구하는 작품들과는 다르게 해방 직후 현대무용은 작품 제목에서 민족주의 정신에 따른 현실성, 도덕성, 그리고 미적 숭고 등의 가치를 인식하게 함으로써 해방 직후의 부산지역 무용 발전에 영향을 미쳤을 것으로 사료된다.

특히 해방 직후 부산지역은 다른 지역에서 유입되어 지속적으로 활동한 현대무용가들과 더불어 민족주의 정신의 건설에 앞장서는가 하면 민족무용 문화와 새로운 무용의 미학을 제시한 점에서 그 역사적 의미를 찾을 수 있다.

2) 미적 숭고

부산지역 현대무용의 형성을 논의하기 위해서는 그 역사적 의미 이외에도 고유의 미적 가치에 대한 해명이 수반되어야 한다. 해방 직후 부산지역 현대무용의 새로운 미적 양태로서의 '미적 숭고'에 대해 다음에서 살펴보고자 한다.

미학에서 숭고란 위대함을 나타내는 용어로, 물리적, 도덕적, 지적, 형이상학적, 미적, 정신적, 또는 예술적인 것을 포함한다. 이 용어는 특히 계산, 측정 또는 모방의 가능성을 넘는 위대함을 나타낸다. (위키피디아 [Wikipedia]. "숭고" [검색일: 2023. 12. 1.], https://ko.wikipedia.org/wiki/%EC%88%AD%EA%B3%A0 참조)

구체적으로는 현실을 기반으로 한 작품의 내용이 이상을 지향할 때, 현실과 이상이 조화를 이루는 양상으로 나타난다. 이는 대립적인 성격이 강한 것이 특징이며, 이집트 미술이나 석고상에서 그 예를 찾아볼 수 있다. 숭고미는 인간의 보통 이해력으로는 알 수 없는 경이 또는 위대함 등의 느낌을 주는 미적 범주로 볼 수 있다.

근대 철학에서 아름다움과 구별되는 자연의 미적 특성으로서의 숭고한 개념의 발전은 18세기에 비롯되었으며, 에드먼드 버크(Edmund Burke)에 의해 숭고의 개념이 발전되었다. 버크는 숭고와 미를 상호 배타적인 것으로 본 최초의 철학자였다.

위대한 것을 추구하는 데서 오는 아름다움은 경건하고 엄숙한 분위기를 자아내며, 이를 통해 고고한 정신적 경지를 체험할 수 있게 하는 미의식이다.

칸트(Immanuel Kant)는 관찰 대상의 정신 상태에 대한 그의 생각을 기록하려고 시도했다. 그는 숭고한 것이 고귀한 것, 훌륭함, 무서운 것의 세 가지 종류라고 주장했다. 숭고함이란 외부 사물의 사안이 아니며, 자연 현상들의 위력과 크기에 굴복하거나 강요받지 않고 오히려 고양되어 스스로의 독립성을 확인하는, 그러한 이성의 문제라고 하였다. 그러듯이 대상과 관련한 일이 아닌 오직 자기 감정에 국한된다. (Scheer, Brigitte 2016, 128-129)고 하였다.

작품 제목 -「해방」, 「아 조국아」, 「애국가」, 「영원한 조국」, 「해방의 종소리」- 등은 이성적 사유를 통함으로써 자기 감정을 살피고 주도적으로 작품에 대한 미적 파악을 가능하게 한다. 현대무용이 내포하는 근대성과 현대성의 측면에 비추어 볼 때, 해방 직후의 갈등이나 대립, 분열 등의 시대적 긴장 상태는 해방 직후 현대무용 작품에 대한 본질적인 미적 조건이라 할 수 있다. 다시 말해서 해방 직후 현대무용은 그 시대와 사람들의 진실에 대한 인식이 담겨 있다고 보아야 할 것이다.

숭고함은, "육체에 대한 정신의 지배, 감성에 대한 이성의 지배, 혼란에 대한 질서의 지배, 감성에 대한 이성의 지배를 지향하는 이념이다."(김수용 2009, 35)라고 하였듯이, 해방 직후 현대무용 작품의 제목이 추구하는 이념의 세계와 지향성에서 숭고함을 파악할 수 있다. 숭고함의 이념은 해방 직후의 사람들에게 새로운 세계의 가능성을 열어주었다. 숭고함의 궁극적 근원은 도덕적 이성이며(김수용 2009, 219), 숭고는 인간의 이성으로서 그 느낌을 파악할 수 있는 감정이다.

무용에서 아름다움을 감상할 때의 주관적인 감정과는 다르게, 숭고에 대해서는 감상자의 이성에 기반한 자기감정이 중요하다. 즉 숭고함을 다루는 국면에 있어서 "칸트는 이성의 자기 감정에 전례 없는 의미를 부여하고 있다." (Scheer, Brigitte 2016, 130)고 한다.

해방 직후 부산의 문화는 도덕적 올바름과 善을 상징하는 미(김수용 2009, 35)에 대한 개념을 함축했을 뿐만 아니라, 감상자가 이성의 자율성에 따라 미를 판단하도록 하였다. 도덕적 판단에 있어서 인간 이성의 자율성이 그만큼 전제된다는 것이다.

해방직후 현대무용 작품을 암시하는 제목에서 미적 숭고를 파악하기 위해서는 "숭고함에 대한 표상을 통해 주관이 스스로 얻은 것이 무엇인지, 그리고 숭고한 것을 바라보는 주관이 어떻게 자기 자신을 느끼는지가 중요하다."(Scheer, Brigitte 2016, 131)고 하였다.

현대무용 작품 제목 −이석예의 「마음」, 김해성의 「탕자의 골맥」, 구연묵의 「고苦」, 박용호의 「해방」과 박이랑무용단의 「아 조국아」, 조택원의 「애국가」, 김막인과 문철민의 「영원한 조국」 그리고 「해방의 종소리」− 등에서는 시대적이고 현실적인 감각을 연상할 수 있으며, 작품의 현시를 상상해 보는 사유의 확장을 경험하게 하고 또한 이를 필요로 한다. 그리고 그 내용은 국가의 숭고함, 국민이 처한 해방의 숭고함의 체험을 가져온다. 즉 무용의 새로운 미적 양태로서 미적 숭고를 파악할 수 있다.

더 나아가 미적 숭고는 관람자의 무용에 대한 새로운 관점과 태도를 유도하는데, "미적 숭고는 숭고한 대상의 면모에 의미가 있는 것이 아니라, 그 모든 것에도 불구하고 관람자 자신을 도덕적 존재로 정립하거나 재정립할 수 있는 인간의 능력을 일깨운다는 점에 있다. 한마디로 숭고한 예술은 인간의 도덕적 성찰 능력을 일깨운다. 그러므로 미적 숭고는 미학과 윤리학이 유의미한 방식으로 어울려 개인들을 인지적, 도덕적, 정치적으로 고양시키는 문화적 형식이다."(Burke, Edmund 2010, 290)고 하였다. 또한 삶에 대한 엄숙함, 의지, 경건함 등 현실을 넘어서려는 극복 의지의 주제 의식을 접하게 되고, 경이로운 감정을 갖게 된다.

기존의 신무용 작품의 미의 양태와는 다르게, 현대무용에 있어서는 도덕성의 측면과 관람자의 미적 태도의 차이가 발견된다. 숭고의 요소들 —대상의 무한성, 힘, 무한, 공포, 공허, 암흑, 고독, 침묵, 장려— 는 해방 직후의 현대무용 이외에도 마리 뷔그만의 「마녀의 춤」(1913)에서 공통적으로 느껴지는 분위기이다. 미는 마음의 정념에 영향력을 미치고, 숭고는 사고에 의해 매개된다.

시공관에서 열린 '김막인 무용 작품 발표회, 제2회'의 기사(『독립신문』, 1948. 5. 6. 광고) 가운데 "이상을 찾으러.." "밤과 싸워본 자여 고독한 자여! 이상을 향하여 고민하는 자여! 오라 같이 우러보자 말하여보자! 김막인 백"의 글에서 숭고를 읽을 수 있다.

한편 조선 민족무용의 건설에 대해서, "해방기 동안 재부 무용인들은 조선 민족무용 건설에 역점을 두고 문총협 주최의 '종합 예술제'에 합류하여 춤 공연을 펼쳤다."(김해성 2016, 93)고 하였듯이, 조선 민족무용은 해방의 공간에서 무용가들이 원하던 무용 작품성을 내포한다. 그들이 작품에서 추구하던 민족성은 미적 숭고의 대상으로, 해방 직후 무용가들의 민족주의 정신을 바탕으로 전개된 작품 활동에서 특히 드러나는 미적 태도의 결과이다.

이 시기의 무용 연구소는 무용 공연과 교육의 구심적 역할을 하며, 교육으로서의 무용의 바탕에는 도덕성과 결부되는 미적 태도로서의 '미적 숭고' 개념이 작용하였다.

IV. 나오면서

1920년대부터 외국의 현대무용이 우리나라에 수용되는 과정에 관해서는 독일의 근대무용 또는 '노이에 탄츠(Neue Tanz)', 신흥무용, 신무용 등에 관련된 배구자, 최승희, 조택원 등 현대무용 선구자들의 활동을 주로 살펴보았다. 그리고 해방 직후 부산지역 초기 현대무용가들의 활동에 대해 분석 고찰하였다.

독일의 노이에 탄츠는 이사도라 덩컨과 관계성 없이 독일의 무용가 마리 뷔그만이 그의 스승 루돌프 본 라반의 영향을 받아 새로운 무용으로 탄생시킨 독일의 초기 표현주의 현대무용이다. 어떤 무용이나 무용가들로부터 관계성을 찾을 수 없는 새로운 양태의 무용으로 등장하였다. 그 후 일본을 통해 우리나라의 무용에 유입된 것은 박영인, 최승희, 조택원을 통해 신흥무용, 모던댄스, 신무용 등의 명칭으로 알려질 때부터였다.

우리나라에서 현대무용을 언급한 것은 1940년 김관에 의해 신문기사 내용에 '현대무용'이라는 장르를 지칭될 때였다. 현대무용이라는 명칭으로 작품발표회가 등장한 것은 해방 직후다. 1950년 제1회 박용호 현대무용발표회와 박이랑무용회("박이랑 무용회". 『산업신문』, 1950. 2. 7. 2면, 3월초, 부산극장)에 현대무용이 표기되었고, 1947년에 이어 1948년 김막인 현대무용발표회(『조선중앙일보(유해붕)』, 1948. 5. 6. 2면) 기사에는 '창작무용작품발표회' 2회(5월 7-8일 시공관 김막인 백)'라고 하여 공연제목에 창작무용 표기가 처음으로 나온다. 김막인은 실험적인 전위무용을 창작한 현대무용 무대를 열어 보임으로써 다른 장르의 무용과 현대무용 사이의 차별화를 이루었다.

부산 근현대무용사의 관점에서 볼 때 해방 직후는 무용연구소와 교육무용강습회를 통해 무용을 보급하고 신무용가들은 무용극의 제작과 공연활동을 전개했던 시기이기도 하다. 일본 식민지 문화로서의 신무용의 잔재 위에 부산지역 고유의 무용을 위한 기초 작업과정이 없이 민족주의 정신과 민족문화의 건설을 의도하는 무용공연이 성행하는 가운데 개인 작품발표의 현대무용공연이 등장한 시기이다. 전국적으로 신무용의 답습을 탈피하는 추세 가운데 해방 직후의 부산에서 박용호, 박이랑의 현대무용은 개인 창작발표라는 점에서 그 예술적 독창성과 현대무용 본질에의 독자적 접근성을 인정할 수 있다. 현대무용 장르는 한국무용이나 발레의 동작 어휘와 무관하게 new dance 스타일의 동작이나 순수한 몸짓에서 창작된 무용이라는 인식을 심어준 것은 부산지역에서의 길목성홍, 박영인, 박용호, 박이랑 등의 무용 활동 관련 기사를 통해서였다.

해방 직후 부산지역 현대무용의 형성이 지니는 역사적 의미는 우선 근대성의 요인으로서의 발전과 변화의 차원에서 언급할 수 있는데, 이전까지의 신무용과의 차별성을 드러내는 점이다. 이것은 이사도라 던컨의 무용에 보이는 근대성의 요인과 상통하는 것으로, 기존의 신무용의 기법이나 답습에서 벗어나 재현이 아닌 새로운 시도의 무용으로 활기를 보였다. 또한 합동공연보다는 개인 작품발표 무대를 확보하기 시작했다. 미적 숭고라는 미학적 관점을 드러내는 진보적 성향은 해방 직후 부산지역 현대무용에 있어서 현대성의 요인을 드러낸다. 해방 직후 새로운 생각과 새로운 기법을 수용한 것 이외에도 미적 숭고라는 미적 관점의 현대화를 지향한 것이다. 특히 해방에 따라 민족주의 정신의 독자성을 찾으려는 작품을 모색하였음을 알 수 있다. 해방 직후 부산지역은 다른 지역에서 유입되어 지속적으로 활동한 현대무용가들과 더불어 민족주의 정신의 건설에 앞장서는가 하면 민족무용 문화와 새로운 무용의 미학을 제시한 점에서 그 역사적 의미를 찾을 수 있다.

  해방 직후 부산지역 현대무용의 중심 역할을 한 박용호와 박이랑은 미적 숭고의 가치와 더불어 민족무용문화의 건설에 대한 생각을 부산무용계에 뿌려주었다. 기성세대인 현대무용 선구자들의 영향 아래 박용호 박이랑 조말선, 옥파일, 조용자 등의 창작발표와 교육활동은 해방 직후 부산지역 현대무용의 미적가치와 예술적 표현 의지를 실천함으로써 부산무용계와 무용조직사회의 발전을 위한 기반을 구축하는 역할을 하였다.

참고문헌

강이문 Kang, Yimoon. 1963. 『慶尙南道誌 중권』[Gyeongsangnamdo News vol. middle]. 현대무용[Modern Dance]. 부산: 慶尙南道誌編纂委員會[Busan: Gyeongsangnamdo News Compilation Committee].

『부산시사』[Busan News] 제4권. 1991. 부산: 釜山直轄市 부산시사편찬위원회[Busan: Busan City News Compilation Committee].

Burke, Edmund. 2019. 『숭고와 아름다움의 관념의 기원에 대한 철학적 탐구』[A Philosophical Enquiry into the Origin of the Sublime and Beautiful]. 1757. 김동훈 역[Translated by Kim, Donghoon]. 서울: 마티[Seoul: Marti].

김수용 Kim, Sooyong. 2009. 『아름다움의 미학과 숭고함의 예술론』[Aesthetic Beauty and Artistic Theory of Sublime]. 경기도: 아카넷 [Seoul: Acanet].

김영식 Kim, Youngsik 편. 1995. 『삼천리』[The Whole of Korea]. 서울 : 한빛[Seoul: Hanbit]. p. 9-10.

김영희, 김채원, 김채현, 이종숙, 조경아 Kim, Younghi, Kim, Chaewon, Kim, Chaehyun, Lee, Jongsook and Cho, Kyunga.. 2014. 『한국춤통사』 [Korean Dance History]. 서울: 보고사[Seoul: Bogosa]. p. 9

김호연 Kim, Hoyun. 2015. "일제강점 말기 무용 활동과 그 변화 양상:무용의 관제화 경향을 중심으로"[An Aspect of Dancing Transformation in the Late Japanese Occupation of Korea : Focus on Government-manufactured Dance]. 『무용역사기록학』[Asian Dance Journal] 38:75~98.

_____. 2021. 『전통춤의 변용과 근대 무용의 탄생』[Transformation of Traditional Dance and the Birth of Modern Dance]. 메타모포시스 인문학 총서10[Metamorphosis Human Studies 10]. 서울: 보고사[Seoul: Bogosa].

김해성 Kim, Haesoung. 2016. "한국근현대사에서 본 부산춤의 변화양상- 1945년~1950년대를 중심으로 -"[The Changing Aspects of Busan Dance Viewed in the Modern History of Korea-Focusing on 1945-1950s]. 『한국무용연구』[Journal of Korean Dance] 34(4):63~99.

_____. 2017. "1945년-1950년대 부산춤의 변화양상" [Changing Aspects of Busan Dance during 1945-1950s], 『제9회 한국무용연구학회』[The Society of Korean Dance Studies] 국제학술심포지엄'. '한.중 무용문화 교류와 전망'[9th Korean Dance Research Association International Academic Symposium." Exchange and Prospect of Chinese Dance Culture]. 서울, 7. 3-4[Seoul, July. 3-4]. 23-25.

_____. 2023. "한국전쟁기 피란수도 부산 춤계의 지형과 변화"[The Status and Changes of the Busan Dance Industry in the Evacuation Capital, during the Korean War]. 『한국문학논총』[*Korean Literatur Journal*] 94: 55-102.

Burke, Edmund. 2010. 『숭고와 미의 근원을 찾아서』 [A Philosophical Enquiry into the Origin of the Sublime and Beautiful]. 1990. 김혜련 역 [Translated by Kim, Hyeryun]. 경기도: 한길사 [Kyungido: Hangilsa].

Wigman, Mary. 1994. 『춤의 언어』[The Language of Dance]. 1966. 윤계정 역[Translated by Yoon, Guejung]. 서울: 현대미학사[Seoul: Modern Aesthetic Publisher].

민족미학연구소 엮음[Ethnic Aesthetics Laboratory ed.]. 2001. 『강이문 춤비평론집(1), 한국 무용문화와 전통』[Kang, Yimoon Review Book, Korea Dance Culture and Tradition]. 현대미학사[Seoul: Modern Aesthetic Publisher].

Scheer, Brigitte. 2016. 『미와 예술: 철학적 미학 입문』[Einführung in die philosophische Ästhetik]. 1997. 박정훈 역[Translated by Par, Junghoon]. 서울: 미술문화[Seoul: Art Culture].

양정수 Yang, Jungsoo. 1999. 『한국현대무용사』[Korean Modern Dance History]. 서울: 대한미디어[Seoul: Korean Media].

조택원 Cho, Takwon. 1973. 『가사호접加沙胡蝶』- 창작무용반세기 - [Gasahojop-Half Century of Creative Dance]. 서울: 서문당[Seoul: Seumoondang].

최승희 Choi, Seunghi. 2006. 『불꽃 :1911-1969, 세기의 춤꾼 최승희 자서전』[Fire: 1911-1969, Dancer of the Century Autobiography of Choi, Seunghi]. 서울: 자음과모음[Seoul: Jaeum & Moeum].

한국민족문화대백과사전[Encyclopedia of Korean Culture]. "김막인"[검색일: 2024. 4. 1], https://encykorea.aks.ac.kr/Article/E0074319.

위키피디아[Wikipedia]. "숭고"[검색일: 2023. 12. 1.], https://ko.wikipedia.org/wiki/%EC%88%AD%EA%B3%A0.

한국민족문화대백과사전[Encyclopedia of Korean Culture]. "장추화" [검색일: 2024. 4. 1.], https://encykorea.aks.ac.kr/Article/E0074319.

한국민족문화대백과사전[Encyclopedia of Korean Culture]. "조선무용건설본부" [검색일: 2024. 4. 1.], https://encykorea.aks.ac.kr/Article/E0074319.

한국민족문화대백과사전[Encyclopedia of Korean Culture]. "함귀봉" [검색일: 2024. 4. 1.], https://encykorea.aks.ac.kr/Article/E0074319.

한국민족문화대백과사전[Encyclopedia of Korean Culture]. "조선무용예술협회" [검색일: 2024. 4. 1.], https://encykorea.aks.ac.kr/Article/E0074319.

<자료>[Newspaper Articles]

김관 Kim, Kwan. 1940. "현대무용소고1"[Modern Dance Perspectives 1] . 『매일신보』[*Mail-Shinbo*], 1940. 2. 9. https://www.nl.go.kr/newspaper/.

_____. 1940. "현대무용소고2 [Modern Dance Perspectives 2] . 『매일신보』[*Mail-Shinbo*], 1940. 2. 10. https://www.nl.go.kr/newspaper/.

신미원 Shin, Miwon. 1941. "무용의 본질에 대하야"[About the Nature of Dance] 『매일신보』[*Mail-Shinbo*], 1941. 4. 17. https://www.nl.go.kr/newspaper/.

"최승희양 신작무용공연회"[Choi, Seunghi New Dance Performance]. 1931. 『경성일보』[*Hyungseung-Ilbo*], 1931. 2. 6. https://www.nl.go.kr/newspaper/.

"최씨신작발표회"[Ms. Choi New Dance Performance]. 1932. 『경성일보』[*Hyungseung-Ilbo*], 1932. 5. 1. https://www.nl.go.kr/newspaper/.

박영인 Park, Youngin. 1937. "나의무용은 소위 신흥무용으로 西洋洋舞踊 입니다만은 그본고장인 이곳에와서 이와가티 호평을 밧고잇는 것을 보면 그들이 얼마나 호감을 보여주고 잇는가를 알 수 잇습니다".[My Dance is Western new dance that is interested in Europe]. 『매일신보』[*Mail-Shinbo*], 1937. 5. 20. 12. https://www.nl.go.kr/newspaper/.

"배구자의 음악무용을 보고"[Looking at Music Dance by Bae, Kooja]. 1928. 『중외일보』[*Joongwe-Ilbo*], 1928. 4. 23. https://www.nl.go.kr/newspaper/.

"새무용 신무용신작발표회"[New Dance Performance]. 1943. 『부산일보』[*Busan-Ilbo*], 1934. 4. 14. https://www.nl.go.kr/newspaper/.

"女月社 무용시 童踊발표회 부산 여월사 1주년기념"[Yeuwyulsa Dance Poetry Yong Dance Performance Busan Yeuwyulsa 1st Anniversary]. 1934. 『부산일보』[*Busan-Ilbo*], 1934. 6. 17. https://www.nl.go.kr/newspaper/.

"장추화무용회"[Jang, Choowha Dance Performance]. 1946. 『자유신문』[*Jayoo Newspaper*], 1946. 5. 10. https://www.nl.go.kr/newspaper/

"장추화무용, 제1회예술무용공연은 지난 10일 국제극장"[Jang, Choowha 1st Dance Performance at Kookjae Theatre on 10th]. 1946. 『자유신문』[*Jayoo Newspaper*], 1946. 5. 12. https://www.nl.go.kr/newspaper/.

"장추화무용발표회, 국제극장"[Jang, Choowha Dance Performance at Kookjae Theatre]. 1946. 『중앙신문』[*Joongang Newspaper*], 1946. 5. 10. 『경향신문』[*Kyunghyang Newspaper*], 1946. 12. 19. https://www.nl.go.kr/newspaper/.

"교육무용연구소 제1회발표회"[Educational Dance Laboratory]. 1947. 『자유신문』[*Jayoo Newspaper*], 1947. 5. 3. https://www.nl.go.kr/newspaper/.

"체육무용강습회"[Physical Education Class]. 1946. 『중앙신문』[*Joongang Newspaper*], 1946. 7. 10. https://www.nl.go.kr/newspaper/.

"동기 체육 보건 무용강습회 개최"[Winter Course of Physical Health Education Class]. 1950. 『산업신문』[*Sanup Newspaper*], 1950. 1. 17. https://www.nl.go.kr/newspaper/.

함귀봉 Ham, Kwibong. 1950. "무용예술의 확립 교육무용과 예술무용" [Establishment of Dance Educational Dance and Artistic Dance] - 함귀봉 -, 『민국일보』[*Minkook-Ilbo*], 1948. 11. 26. https://www.nl.go.kr/newspaper/.

"교육무용연구소 신설 초중등교원에게 교육무용실시"[Educational Dance Laboratory's Educational Dance Class for New Teachers of elementary, Middle, High School]. 1946. 『독립신보』[*Dokrip-Shinbo*], 1946. 10. 22. https://www.nl.go.kr/newspaper/.

"국민무용건설중"[Public Dance Construction]. 1949. 『현대일보』[*Hyundai-Ilbo*], 1948. 9. 14. https://www.nl.go.kr/newspaper/.

"추석선물무용극, 옥파일 김선화 합동으로"[Thanksgiving Present Performance, Ok, Pail, Kim, Sunwha in Collaboration]. 1949. 『영남일보』[*Youngnam-Ilbo*], 1949, 10. 5. 2. https://www.nl.go.kr/newspaper/.

"예술무용의 권위자인 박이랑씨는 대청동에다 예술무용연구소를 설치…" [Leader of Artistic Dance, Park, Irang]. 1950. 『산업신문』, 1950. 3. 11. https://www.nl.go.kr/newspaper/.

"박이랑 무용회"[Park Yirang Dance Performance]. 1950. 『산업신문』[*Sanup Newspaper*], 1950. 2. 7. https://www.nl.go.kr/newspaper/.

"박용호무용 신작발표 대중무용연구소 제1회 공연 부산극장…"[Park, Yongho New Dance Performance the 1st Public Dance Laboratory]. 1948. 『부산신문』[*Busan Newspaper*], 1948. 11. 2. 6. https://www.nl.go.kr/newspaper/.

"무용예술협회 창립공연"[Dance Art Association Opening Performance]. 1946. 『현대일보』[Hyundai-Ilbo], 1946. 8. 13. https://www.nl.go.kr/newspaper/.

"제1회 국민예술제전 무용「아 조국아」박이랑무용단"[The 1st Public Art Festiva l「Ah My Country」Park, Yirang Dance Company]. 1950. 『남조선민보』[Namchosun-Minbo], 1950. 4. 8. https://www.nl.go.kr/newspaper/.

함귀봉 Ham, Kwibong. 1947. "교육무용과 예술무용 교육무용연구소발표회에 제際하야 함귀봉"[For Educational Dance & Artistic Dance Educational dance Laboratory Performance]. 『중외신보』[Joongwe-Shinbo], 1947. 5. 4.

"문화단신, 장추화신작무용회"[Culture, Jang, Choowha New Dance Performance]. 1948. 『평화일보』[Pyungwha-Ilbo], 1948. 10. 14. https://www.nl.go.kr/newspaper/.

"장추화신작무용발표회"[Jang, Choowha New dance Performance]. 1948. 『국제신문』[Kookjei Newspaper], 1948. 10. 13. https://www.nl.go.kr/newspaper/.

"김막인 무용발표회"[Kim, Makin Dance Performance]. 1948. 『한성일보』[Hansung-Ilbo], 1948. 5. 3. https://www.nl.go.kr/newspaper/.

"조선현대무용계의 이채 김막인 무용작품발표회 시공관"[Conspicuous Chosun Modern Dance Kim, Makin Dance Performance]. 1948. 『부인신문』[Booin Newspaper], 1948. 5. 5. https://www.nl.go.kr/newspaper/.

"창작무용작품발표회"[Creative Dance Performance]. 1948. 『조선중앙일보(유해붕)』[Chosun Joongang-Ilbo Yoo, Haebung], 1948. 5. 6. https://www.nl.go.kr/newspaper/.

"시공관에서 제2회김막인무용발표회"[The 2nd Kim, Makin Dance Performance at Construction Theatre]. 1948. 『자유신문』[Jayoo Newspaper], 1948. 5. 3. https://www.nl.go.kr/newspaper/.

"김막인무용발표회 5/7-8 시공관에서 송범, 조용왕(汪), 김일영 외 16명 찬조출연"[Kim, Makin Dance Performance Cooperated by 16 dancers including Song, Bum, Cho, Youngwang, Kim, Youngil].

『조선중앙일보(유해붕)』[*Chosun Joongang-Ilbo Yoo, Haebung*], 1948. 5. 6. https://www.nl.go.kr/newspaper/.

"김막인무용회 7, 8일 시공관에서 개최"[Kim, Makin Dance Performance held on 7th, 8th, at Construction Theatre]. 1948. 『독립신보』[*Dokrip-Shinbo*], 1948. 5. 5. https://www.nl.go.kr/newspaper/.

"김막인 무용작품발표회, 제2회"[The 2nd Kim, Makin Dance Performance]. 1948. 『독립신문』[*Dokrip Newspaper*], 1948. 5. 6. https://www.nl.go.kr/newspaper/.

"조용자무용공연회 국제극장"[Cho, Youngja Dance Performance, the 2nd]. 1946. 『중앙신문』[*Joongang Newspaper*], 1946. 2. 8. https://www.nl.go.kr/newspaper/.

"조용자무용가 2일간 공연"[Cho, Youngja Dance Performance for two days]. 『부산신문』[*Busan Newspaper*], 1948. 3. 30. 2면

"조용자무용대"[Cho, Youngja Dance Company]. 1948. 『부산신문』[*Busan Newspaper*], 1948. 3. 31. https://www.nl.go.kr/newspaper/.

"조용자무용공연"[Cho, Youngja Dance Performance]. 1946. 『대구시보』[*Daegu-shibo*], 1946. 6. 6. https://www.nl.go.kr/newspaper/.

"조용자무용발표"[Cho, Youngja Dance Performance]. 1946. 『자유신문』[*Jayoo Newspaper*], 1946. 5. 14. https://www.nl.go.kr/newspaper/.

"김미화여사 무용회개최"[Kim, Miwha Dance Performance held]. 1948. 『한성일보』[*Hansung-Ilbo*], 1948. 6. 19. https://www.nl.go.kr/newspaper/.

"정인방무용회"[Jung, Inbang Dance Performance]. 1946. 『중앙신문』[*Joongang Newspaper*], 1946. 2. 11. https://www.nl.go.kr/newspaper/.

"김미화무용회 군극"[Kim, Miwha Group Dance Drama]. 1948. 『군산신문』[*Koonsan Newspaper*], 1948. 8. 19. https://www.nl.go.kr/newspaper/.

"무용예협대공연"[Dance Art Association Dance Festival]. 1946. 『영남일보』[*Youngnam-Ilbo*], 1946. 8. 10.

"진수방무용발표회"[Jin, Soobang Dance Performance]. 1945. 『경성일

보』[*Hyungseung-Ilbo*], 1945. 3. 25. https://www.nl.go.kr/newspaper/.

"임경희예술무용공연"[Lim, Kyunghi Dance Performance]. 1945. 『영남일보』[*Youngnam-Ilbo*], 1945. 10. 23. https://www.nl.go.kr/newspaper/.

"이규석 무용발표회"[Lee, Kyusuk Dance Performance]. 1946. 『영남일보』[*Youngnam-Ilbo*], 1946. 7. 25. https://www.nl.go.kr/newspaper/.

"김상규무용발표회"[Kim, Sangkyu Dance Performance]. 1949. 『영남일보』[*Youngnam-Ilbo*], 1949. 9. 1. https://www.nl.go.kr/newspaper/.

"중초등여교원에게 교육무용강습회"[Educational Dance Class for elementary, middle, high school teachers]. 1947. 『영남일보』[*Youngnam-Ilbo*], 1947. 12. 28. https://www.nl.go.kr/newspaper/.

"박용호무용 신작발표 대중무용연구소 제1회 공연 부산극장…"[Park, Yongho New Dance Performance Public Dance Laboratory thr 1st Performance at Busan Theatre]. 1948. 『부산신문』[*Busan Newspaper*], 1948. 11. 2. 6. https://www.nl.go.kr/newspaper/.

"박이랑 무용연구소 입소식 거행"[Park, Yirang Dance Laboratory Admission Ceremony held]. 1950. 『부산일보』[*Busan-Ilbo*], 1950. 3. 23. https://www.nl.go.kr/newspaper/.

08

로고현대무용단의
활동과 시대적 의미

목차

국문요약

Ⅰ. 서론

Ⅱ. 1980년대 부산지역 현대무용

Ⅲ. 로고현대무용단의 탄생과 미학

  1. 창단배경과 창작공연 활동

  2. 작품의 특성

Ⅳ. 로고현대무용단원의 창작역량과 업적

  1. 활동과 업적

  2. 무용 가치관

Ⅴ. 결론

참고문헌

국문요약

이 연구는 로고현대무용단(1990-2016)의 활동이 부산지역 현대무용에 미친 역할에 대한 것이다.

이 논문은 로고현대무용단의 공연활동과 업적을 파악함으로써 부산 근현대무용 역사에 있어 그 시대적 의미를 논의하는 것을 목적으로 한다.

부산의 현대무용 교육과 공연은 대학 동문 무용단의 탄생과 그 발전을 기반으로 형성되었다. 1990년대부터 국내 대학 동문 무용단의 공연활동 등이 본격화되었다고 볼 수 있다. 동아대학교 동문 현대무용단으로서 로고현대무용단은 1990년 창단 이후 2016년까지 창작활동을 이어갔다. 이 논문은 현대의 시각에서 로고현대무용단의 창단배경과 미학을 알아본다. 더 나아가 단원들의 창작역량과 무용 가치관을 파악한다. 결론적으로 로고현대무용단의 활동과 단원들의 업적에 대한 시대적 의미를 논의한다. 무용단의 창작이 추구하는 예술적 의미 이외에도 무용지도자 또는 예술강사로서의 단원들의 활동은 무용을 통한 학생과 일반인들의 예술교육을 위해 의미가 있었다. 더 나아가 문화센터, 복지관, 유치원, 무용학원 강사 또는 학원장으로서의 활동은 무용의 저변 확대와 무용 인구 확보를 위해 의미 있었다. 단원들은 무용단 안무자로서 활동을 넓혀 지역 현대무용의 질적 향상과 발전을 도모하였다. 본 연구는 부산지역 현대무용의 역사연구를 위해 의미가 있다.

연구방법으로는 정기간행물, 공연팜플릿을 비롯하여 관련 저서와 논문을 분석·고찰하는 문헌 연구방법을 채택하였다. 또한 현장경험에 관한 단원들의 면담내용 및 작품 동영상 분석을 참고로 하였다. 미래에 이 연구가 현대무용과 대학동문 무용단에 대한 후속 연구를 위해 참고가 되길 기대한다.

주요어: 로고현대무용단, 부산지역 현대무용, 창작역량, 업적, 시대적 의미

I. 서론

 이 연구는 1990년 동아대학교 무용학과 현대무용 전공 졸업생으로 구성된 로고 현대무용단(1990-2016)의 활동과 업적을 고찰함으로써 그 시대적 의미를 논의하는 것을 목적으로 한다. 로고 현대무용단은 현대무용의 창작과정과 안무 방법에 관심을 둔다. 단원들은 창작품의 질적 향상과 안무력 강화를 위해 지속적인 실기훈련은 물론 창작의 이론적인 토대를 겸비해 의욕적으로 창작활동을 이어갔다. 1980년대는 부산지역의 현대무용 교육과 공연에 있어 그 발전적 기반을 형성한 시기였다. 1990년대 대학 동문 무용단의 활성화는 현대무용 발전의 원동력으로 작용했다.

 이 논문은 로고 현대무용단 초기부터 최근까지의 창작활동을 현대의 관점에서 재조명하여 부산 근현대무용 역사에 있어 그 시대적 의미는 어떤 것인지를 파악하려고 한다. 연구방법으로는 문헌연구방법을 위주로 하여 로고 현대무용단의 작품 과정과 작품의 특성에 대해 오늘날 연구자의 관점에서 분석·고찰하였다. 로고 현대무용단의 주요 정기공연과 학교순회공연 프로그램 내용, 그리고 주요 작품에 대한 시각영상매체 등을 분석·고찰하였다. 그 밖에 부산지역 현대무용 관련 논문 및 언론 매체의 기사 등을 중심으로 무용단의 창작역량과 업적을 고찰하였다.

 본 연구는 현대무용의 역사연구를 비롯하여 동문 무용단의 역할에 대한 인식을 높이는 데 그 의의를 두고 있다.

II. 1980년대 부산지역 현대무용

 부산지역 대학의 무용학과 신설은 1963년 한성여자초급 대학(현 경성대학교의 전신) 체육과에 무용 전공을 신설함으로써 비롯되었다. 1970년에는 부산여자대학교(현, 신라대학교) 체육과 내 무용 전공이 우선 신설된 후, 1979년에 무용과가 최초로 개설되었는데 독립학과로서의 무용과 신설로서는 부산에서 처음이었다. 1980년에는 부산여자전문대학(현, 부산여자대학교), 1982년 경성대학교(1980년에 체육·무용과로 우선 개설된 후, 1982년에 독립된 무용학과로 신설), 1982년에는 동아대학교 체육대학 무용학과, 1983년에는 부산대학교 예술대학 무용학과가 신설되었다. 1989년에는 부산경상전문대(현, 부산경상대학교) 무용, 1994년 부산예술전문대(현, 부산예술대학교) 무용과가 신설되었다.

 1980년대를 개관하면 한국 무용계가 전반적으로 급격한 세대교체를 감행한 자각과 몸부림의 시기라고 할 수 있다. 그러나 이러한 변혁은 일조일석에 이루어진 것은 아니다. 이미 1960년대부터 싹튼 외부로 향한 시야의 확대에 따라 1970년대에는 무용에 대한 인식이 재고되고 무용 지성이 축적되면서 한편으로는 실험에 옮겨지는 등 활동이 계속되면서 점차 상승 기류를 타기 시작한 것이다. 그 직접적인 계기는 1960~1970년대 대학 무용과의 개설과 뒤따라 1970년대 중반에 생겨난 무용 전문지 월간 〈춤〉의 발간(1976), 한국문예진흥원의 창작 지원 사업, 문화재 관리국의 문화재 발굴·보존 사업과 1979년에 시작된 대한민국무용제 개최 등에 의한 경쟁심 고취 등이 큰 힘으로 작용한 것이다.(『부산시사』 제4권, 1991)

1980년대에는 자유로움과 예술 무용을 지향하는 현대무용과 창작 무용이 활기를 찾고 타 장르의 무용과 함께 무대에 작품을 올리는 등 부산지역 무용 예술의 활기를 한층 더 향상시켰다.

더 나아가 1980년대 부산지역 현대무용의 발전은 대학 내 무용학과의 신설과 관계가 있다. 즉 정형화된 현대무용 기법과 창작법을 교육하면서 작품활동이 활발해지고 현대무용은 다양하게 발전하게 된 것을 알 수 있다. 안무 구성에 있어서 무용 기법의 활용은 작가의 공연과 작품 스타일에 영향을 주었다. 안무가는 다양한 기법을 활용해 개인적인 표현 방식과 기교를 발전시키고 자신의 예술적 지평을 넓힐 수 있었다. 그들은 정형화된 동작을 익히면서 취향과 창의력을 동원하여 창작의 기술을 향상하게 된 것이다. 안무자에게 무용 기법은 작품을 인식시키는 도구로 활용된다. 무용의 지역성과 현대무용 고유의 심미적 요인들은 물론, 지역 현대무용의 시대적 양상과 작품 성향은 지역적 스타일의 독특한 현대무용을 형성하는 결정적 요인이 된다.(장정윤, 2024, p.233)

Ⅲ. 로고현대무용단의 탄생과 미학

1. 창단배경과 창작공연 활동

동아대학교 현대무용자들의 실기교육은 기본적으로 마사 그레이엄 테크닉과 머스 커닝햄 테크닉 등 체계화된 현대무용기법들에 의존하였다. 실기교육 이외에 무용창작법과 안무 구성법의 기본 원리를 작품 과정에 도입하였다. 1990년 3월 세 개의 창작품으로 창단공연무대를 펼친 로고현대무용단은 동아대학교 동문무용단체이다. 졸업 후 단원들은 자신들의 창작 의지를 실현할 수 있는 도구로서의 현대무용 기본기를 계속 터득하고 훈련하였다.

(로고현대무용단창단공연팜플릿, 1990. 3.)

로고현대무용단의 탄생은 단원들 개개인의 독창적인 창작역량을 존중하고 발전시켜 무대 활동으로 이어지도록 하는 계기가 되었다. 창작활동을 통해 안무자, 무용수, 작가로서 발전하기 위해 무용현장경험의 폭을 넓혀갔다. 특히 무용단 정기공연에 단원들은 작품 과정을 공유하는 예술협력(collaboration)에 의해 무대를 펼쳐 보였다. 1990년 창단 후 2016년까지 로고현대무용단의 주요 활동은 〈표. 1〉과 같다.

〈표. 1〉 로고현대무용단 주요 공연활동(부산문화재단 전자아카이브, 2025 참조)

연도날짜	활동내용
1990. 3. 6	로고현대무용단창단공연 신정자〈구름과 별〉, 윤선애〈분열〉, 김지영〈나 누구씨와 바로 뭐군〉 경성대학교콘서트홀
1990. 5.	국제현대무용제 참가공연 아르코예술극장
1990. 5.	공간기획 즉흥 안무시리즈 참가공연
1990. 7.	부산무용여름축제 참가공연
1990. 11.	젊은춤꾼9인전 참가공연
1991. 4.	서울 바탕골현대무용(안무/장정윤) 출연 바탕골예술관
1991. 5.	국제현대무용제(안무/장정윤) 출연 아르코예술극장
1991. 8.	제2회 로고현대무용단정기공연
1992. 3.	장정윤현대무용공연 출연
1993. 6.	장정윤과 로고현대무용단창작공연
1993. 7.	제2회 부산무용축제 참가공연
1993. 8	바다예술제 참가공연
1993. 11.	동아대학교 무용학과설립10주년 기념공연 출연
1994. 3.	대구 소극장페스티벌 참가공연
1994. 7.	제3회 부산무용제(안무/장정윤) 출연

로고현대무용단 공연연혁에 의하면 다양한 지역과 무대

연도날짜	활동내용
1994. 9.	제3회 전국무용제(안무/장정윤) 출연
1994. 11.	제16회 서울국제무용제(안무/장정윤) 출연 아르코예술극장
1995. 5.	제15회 국제현대무용제(안무/장정윤) 출연 아르코예술극장
1995. 7.	제4회 부산무용제 출연
1995. 11.	제17회 서울무용제 〈천상의 소리〉(안무/장정윤) 출연 아르코예술극장
1996. 5.	제4회 로고현대무용단정기공연
1996. 12.	로고현대무용단 기획공연 및 winter workshop
1997. 6.	제7회 대구무용제 〈몸일〉(안무/장정윤) 출연
1997. 7.	부산 여름무용축제(안무/장정윤) 출연
1997. 10.	제19회 서울국제무용제 〈불의 여정〉(안무/장정윤) 출연 아르코예술극장
1998. 3.	제17회 국제현대무용제(안무/장정윤) 출연 아르코예술극장
1998. 7.	제7회 부산무용제(안무/장정윤) 출연
1998. 9.	제7회 전국무용제 참가공연 〈얼룩소마을〉(안무/장정윤) 우수상, 연기상, 미술상 수상
1998. 12.	제5회 로고현대무용단정기공연
1999. 4.	제6회 로고현대무용단정기공연
1999. 5.	제18회 국제현대무용제 〈4'55"〉(안무/장정윤) 출연 아르코예술극장
1999. 6.	제8회 부산무용제 초청공연(1998대상작품공연)
1999. 6.	필라델피아2000feet댄스페스티벌 참가공연 〈The Prime Time〉(안무/장정윤) 필라델피아
1999. 9.	제7회 로고현대무용단정기공연 '몸으로생각하는 현실' (안무/영창홍) 부산 태양아트홀

연도날짜	활동내용
1999. 10.	제7회 로고현대무용단정기공연 '몸으로 생각하는 현실'(안무/이현) 창원 늘푸른전당
1999. 11.	제8회 로고현대무용단정기공연 '안무showcase#1'
1999. 12.	제9회 로고현대무용단정기공연 '안무showcase#2'(안무/지영경)
2000. 6.	2000장정윤현대무용단창작공연 〈을숙도사랑가〉(안무/장정윤) 출연 낙동강하구둑건설기념탑광장
2000. 9.	2000영호남무용축제 참가공연 〈Time out〉(안무/양세진)
2000. 12.	로고현대무용단10주년 기념공연 부산문화회관 중극장
2001. 7.	2001부산무용제 참가공연(안무/이재철)
2001. 9.	제11회 장정윤로고현대무용단정기공연 김도경〈8월의 크리스마스〉, 김현아〈수나〈空〉에 대한 명상〉, 김은정〈영혼의 소리〉, 장정윤〈열린담 살아있는 신화〉 부산민주공원소극장
2002. 3.	제12회 로고현대무용단정기공연 부산문화회관 중극장
2002. 12.	젊은 춤꾼 한마당 참가공연 부산민주공원소극장
2003. 3.	제13회 로고현대무용단정기공연
2003. 11.	로고현대무용단 학교순회공연#1 부산여자고등학교 동백관
2004. 3.	제14회 로고현대무용단정기공연 을숙도문화회관대공연장
2004. 6.	로고현대무용단 학교순회공연#2 브니엘예술중고등학교
2004. 12.	로고현대무용단 학교순회공연#3 학산여자고등학교
2005. 2.	제15회 로고현대무용단정기공연 경성대학교콘서트홀
2005. 12.	로고현대무용단 학교순회공연#4 개성고등학교
2005. 12.	토요상설, 동인춤마당 참가공연

연도날짜	활동내용
2006. 8.	부산국제해변무용제 자유참가작공연(안무/이상미)
2006. 12.	제16회 로고현대무용단정기공연 시민회관소극장
2007. 5.	제11회 부산동인춤마당 참가공연(안무/손영일)
2007. 6.	로고현대무용단 학교순회공연#5 브니엘예술고등학교
2007. 9.	제17회 로고현대무용단정기공연
2007. 10.	호영남춤페스티벌 참가공연〈Relationship〉(안무/김도경) 광주예술회관
2008. 4.	제18회 로고현대무용단정기공연 부산민주공원소극장
2008. 5.	로고현대무용단 학교순회공연#6 마산무학여자중학교
2008. 7.	제17회 부산무용제 참가공연 부산문화회관중극장
2009. 1.	로고현대무용단 '안무showcase#3' 김보배〈Red finger〉, 김솔희〈마음을 가리고 내 속에 갇히다〉, 지영경〈The white space〉, 배준석〈마음 한 가운데 서서〉, 윤경호〈착향〉 부산민주공원소극장
2009. 5.	로고현대무용단 학교순회공연#7 부산주례중학교
2009. 9.	제19회 로고현대무용단정기공연 김보배〈백설공주는 이뻐야 한다〉, 윤경호 송경찬〈오아시스2〉, 김현희〈거울보기〉, 이가현〈가장 흔한 기억〉 급정문화회관대공연장
2010. 6.	로고현대무용단20주년기념공연 금정문화회관대공연장
2011. 1.	로고현대무용단 '안무showcase#4' 부산민주공원
2011. 12.	제21회 로고현대무용단정기공연 윤선홍 박호환〈무대를 열며〉, 김은미〈The Creation〉, 정보람 윤선홍〈벨〉, 정진아 임민경 김태희〈옴니버스 시리즈3작〉, 임민경 윤혜지〈그땐 그랬습니다〉, 김태희 최예진〈내안에 갇힌 세상〉 부산민주공원소극장
2011. 12.	로고현대무용단 학교순회공연#8 을숙도초등학교
2012. 6.	제22회 로고현대무용단정기공연 부산민주공원소극장

연도날짜	활동내용
2012. 12.	로고현대무용단 학교순회공연#9 안민초등학교
2013. 2.	제23회 로고현대무용단정기공연 신지영 마예지〈쌍두아〉, 이수연 정아람〈Eraser〉, 최예진〈진짜인 나〉, 윤혜지〈별헤는 밤〉, 정보람〈그녀여〉, 권기주, 한영신〈비동요〉 부산민주공원소극장
2013. 6.	로고현대무용단 학교순회공연#10 해동중학교
2013. 10.	제17회 새물결춤작가전 참가공연 〈혜〉(안무/정보람) 우수작품상수상
2014. 1.	제24회 로고현대무용단정기공연 동아대학교석당박물관
2015. 4.	세계무용의날 기념공연 김기원〈풍요의 기원〉, 장정윤〈인연〉, 김현희 정보람 김소이〈즉흥춤〉 동아대학교석당박물관
2015. 6.	제11회 부산국제무용제 열린춤 참가공연 부산해운대백사장
2015. 9.	로고현대무용단 창단25주년 기념공연 장정윤〈파편〉, 정예주〈아이슈타인은 말했다〉, 김소이〈당신은 무엇을 찾았나요〉, 정예주 김소이〈미끼〉 금정문화회관대극장
2016. 6.	로고현대무용단정기공연 무용의 날 특집 '무용가와 그 무용' 부산문화회관중극장

를 활용한 것으로 나타난다. 현대무용의 실험적 특성을 강화하기 위해 부산민주공원 소극장 등을 활용하였다. 작품 소재, 오브제, 음악, 무대 설치 등의 무대 예술 요소에 대한 안무자의 새로운 관점을 시도한 것이다. 매년 개최한 정기공연은 프로그램 성격에 따라 소극장이나 중극장 등의 무대 규모를 결정하여 발표 무대를 열었다. '학교순회공연'을 2003년부터 지속적으로 개최하였다. 현대무용의 예술 교

육적 기능을 담당하기 위한 창작품 공연을 부산 시내와 경남 지역 소재 초·중·고등학교 학생을 대상으로 실시한 것이다. 최초의 학교순회공연(로고현대무용단 학교순회공연#1, 2003. 11. 부산여자고등학교 동백관)은 단원들의 창작품만으로 프로그램을 구성하였다. 학교순회공연은 무용단의 중요한 기획공연으로 발전되어 부산 시내 학교에서 공연을 요청할 경우에 가능하면 매년 실시하였다. 로고현대무용단 정단원과 준단원(동아대학교 무용학과 현대무용 전공 재학생들로 구성)은 함께 학교순회공연에 참가하였고 현대무용의 확산과 대중화, 그리고 무엇보다도 현대무용의 교육적 역할에 대한 사명감을 가지고 있었다. 출연자들은 함께 협력해서 자발적으로 작품을 완성하고 제작과정을 거쳐 공연을 진행하거나 직접 학교 무대 위에 출연하였다. 일부 중·고등학교 학생의 경우는 일반 관객에 비해 감수성이 높고 집중 시간이 짧을 수도 있기때문에 무용감상의 접근이 쉽지 않다는 점을 단원들은 신중히 참고하여 작품을 준비했다.

  로고현대무용단은 단원 충원에 대해 개방적이었다. 예를 들어 로고현대무용단 25주년 기념공연에는 13명의 객원무용수들이 출연하였다.(로고현대무용단정기공연 팜플릿, 2015. 9. 금정문화회관 대공연장 참조) 또한 외부 타 단체의 공연에 출연하여 함께 부산의 현대무용 공연을 위해 협력하는 자세를 보여주었다. 그리고 단체의 한계성을 극복하기 위해 타 분야와의 과감한 협동도 마다하지 않음으로써 부산 현대무용의 새로운 젊은 기운을 보여줄 수 있었다. 로고현대무용단을 비롯한 타 단체들은 각기 다른 무용 기법 체계와 훈련 방식을 거쳤더라도 공통된 현대무용 기본기에 의존해서 서로 적응하고 한 걸음 더 나아가 서로 배우고 발전하는 모습을 보여준다는 의지를 공유하고 있었다. 쇼케이스 공연(1999년, 2009년, 2011년, 부산 민주공원소극장)은 공개 또는 비공개로 열렸다. 단원들간의 워크숍 후 연결된 쇼케이스 공연의 목적은 익년의 공연 작품의 방향과 완성에 대해 상호 협의하고 홍보하기 위한 것이었다. 작품 일부를 선보여 관객의 평을 참고로 하는 무대를 마련한다는 취지였다. 대중에 접근하고 소통할 수 있는 창작을 위해 유익한 무대였다. 쇼케이스 공연에서는 기존의 공연에서 볼 수 없었던 음악이나 소품을 시도해보면서 창작의 활기를 더욱 높일 수 있었다.

2. 작품의 특성

로고현대무용단의 단원들은 '무용 창작법' 수업이나 '단원 워크숍'을 통해 배운 안무의 기본 원칙과 현대무용 제작과정을 소홀히 하지 않았다. 안무자로 선정되면 '탁상 플랜'이라 하여, 구상 단계에서 작품 내용에 관한 자료를 수집하고 조사하여 기승전결의 합리적인 구조에 따라 전체 구도를 나눈다. 무용수의 등퇴장과 역할 등을 정리하고, 신중히 검토해서 작품의 주제를 선정한다.

작품구상 단계에서는 전체 구도를 지면에 크게 그려서 작품의 시작, 중간, 끝의 전개를 시간과 공간 패턴에 따라 시각화한다. 구상에 대한 준비를 마치면 연습 현장에서 즉흥을 통해 작품의 모티프로 삼을 수 있는 움직임의 단위들을 발굴하고, 이 단위들을 충분히 연습해서 숙련된 몸에 축적한다. 그리고 그 단위들을 각각 변형시켜 다양한 움직임을 창출하고 출연자들이 그것들을 몸으로 익힌다.

안무자는 이 동작들을 시간 구조, 절, 단락 등으로 발전시키고 분류한다. 작품의 시작부터 마지막까지 시간의 흐름에 따라 무용수의 동선을 고려해 무대 위 공간에 적절히 배치한다. 음악은 안무가 끝난 뒤 무용 구성과 동작에 맞춰 편집하거나 선곡, 작곡 등 다양한 방식으로 완성된다. 로고현대무용단의 작품특징은 첫째로, 그 창작법에 놓여있다. 즉 작품구상 단계부터 체계적인 과정을 거쳐 작품을 완성해 간다.

둘째, 이야기 줄거리를 무용으로 재현하는 구상보다는 추상과의 절충법에 의존하여 작품의 주제와 내용을 구체적으로 결정한다. 작품의 소재라든가 내용 면보다는, 형식 면, 즉 동작 기술과 형식 구성(시간구성, 신체공간구성, 무대공간구성)에 초점을 둔다.

셋째, 기존의 현대무용 동작이나 기본 동작에 의존하지 않고 즉흥 등에 의해 새로운 움직임의 단위(motif)를 발견하여 그것을 토대로 변형 및 구성함으로써 작품의 독창성을 돋보이게 한다.

단위의 발굴을 위한 무용 즉흥은 무용수의 충동이나 자극이 주변과 상호작용하는 가운데 개인의 내적 경험에 의존하므로 객관적인 기술이 어렵다. s단원은 '서울즉흥춤축제'

참가 활동에 대해 가장 기억에 남는 무용즉흥 경험으로 회고하고 있었다. 그 단원에게 있어서 즉흥의 경험은 무용의 상상력과 표현을 위한 또 하나의 방법을 몸소 체험하는 계기가 되었다.(s단원인터뷰, 2024. 12. 31. 참조)

단원들은 창작역량 이외에도 현대무용기본기와 에너지, 그리고 무용하는 신체성의 확보는 물론 어떤 동작이라도 소화해낼 수 있는 신체적 역량과 정신적 유연성을 터득하였다. 따라서 즉흥에서 찾아낸 움직임 단위들의 생소한 동작이더라도 작품에 필요한 부분에 적절히 응용하거나 변형시켜 수행하고 작품의 시간적·공간적 구조 내에 주제와 내용에 반영하였다. 더 나아가 작품에 필요한 경우에는 정형화된 기존의 동작들이라도 배제하지 않고 활용하였다.

로고현대무용단 창단 초기의 작품들은 작품의 소재와 매체의 활용 면에서 실험성이 돋보이는 특징을 가졌다. 예를 들어 신정자 안무의 작품 〈구름과 볕〉에서는 밧줄과 오브제의 활용한 점, 윤선애 안무의 작품 〈분열〉에서는 의상을 변형시켜 오브제의 기능을 겸하도록 하면서 움직임의 폭넓은 이미지를 창출한 점, 김지영 안무의 〈나 누구씨와 바로 뭐군〉에서는 작품 소재 면에 있어서 인물 설정과 묘사 면이 추상적인 동작과 조화를 이루도록 한 점 등이 그것이다. 이 작품들은 소재 면이나 주제, 매체 활용 면에 있어서 차별성이 있었다. 타 동문 무용단의 경우 부산지역의 환경을 활용하거나 안무자의 자유로운 작품 과정에 따라 개성을 중요시한 것에 비해 로고현대무용단은 앞서 살펴보았듯이 작품의 오브제와 소재면에서 실험적 측면을 강하게 호소하였다.

학교순회공연은 무용학과 대학생에게는 교육과정의 하나로 활성화되었는데, 로고현대무용단원의 활약과 관심이 가장 컸던 기획공연이었다. 다음은 10개 초·중·고등학교 순회공연 가운데 아홉 번째 순회공연의 취지와 프로그램 내용을 살펴본 것이다.

> "로고현대무용단 학교순회공연#9"
> 로고현대무용단의 부산 또는 경남지역 학교순회공연은 학생들의 현대무용에 대한 경험을 적극적으로 추진하고 단원들의 안무와 출연 등 무용공연을 통해 무용교육현장을 경험하는 것에 의미를 두고 있다. 단원들은 예술감독의 지도 등에 의해 안무작품을 관찰하고 완성함으로써 무대공연에 관련된 지식과 자신감을 키워간다. 정단원과 준단원이 동등한 입장에서 예술교육의 중요성과 책임감을 가지고 제작과정과 공연에 대한 체험을 확보한다는 취지를 가지고 있다.
> -program-
> 예술감독: 장정윤
> 작품, 안무 및 출연:
> 〈Holic〉, 마예지 신지영 이수연
> 〈117〉, 김소이 한지연
> 〈찢어진 우산〉, 최예진 마예지 신지영 이수연

〈때〉, 윤선홍 서해미 정보람
〈믿음과 자유를 향하여〉, 김소이 한지연 최예진 미예지 이수연 신지영
시간 장소: 2012. 6. 4. 안민초등학교 안민홀 (로고현대무용단 학교순회공연#9 팜플릿, 2012. 6. 4. 참조)

  서구의 초기 현대무용에서 파악되는 근대성과 현대성은 이사도라 던컨(Isadora Duncan)과 마리 뷔그만(Mary Wigman)의 무용에서 찾아볼 수 있다. 이사도라 던컨 무용의 근대성은 몸과 그 움직임 요소에서 찾아볼 수 있다. 음악의 충동에 따라 일어나는 무용수의 자발적인 움직임에서는 자연주의적 성향을 발견할 수 있다. 마리 뷔그만의 절대무용은 표현주의의 현대성을 내포한다. 로고현대무용단의 경우에도 초기 현대무용의 현대성의 요소와 양상이 엿보인다. 즉, 무용 동작과 무용수, 그 밖에 결합되어 있는 예술매체 등 무대예술적 요소들이 예술적 측면을 결정한다. 위의 작품들은 공통적으로 안무자 개인의 심적 상태, 경험했던 감정이나 심리 변화 등을 무용의 내용으로 다루고 있어 자신들 특유의 감정이나 정서 내용을 표현하였다. 창작과정에서 안무자의 주관이 작용하는 것은 이처럼 개인의 감정이나 정서를 내용으로 선정할 때이다.
  "춤은 무용수의 표현 욕구를 표출하는 기능을 하게 되는 것이다. 상상력을 발휘하고, 끊임없이 이 춤의 욕구에 귀 기울이고, 그 욕구를 풍부한 긴장 상태로 변형시킴으로

써 무용수의 기술은 단련되고 발전되며 확대된다."(마리 뷔그만, 윤계정 역, 1994, pp.185-186)고 했듯이, 단원들의 작품에 대한 욕구는 개인의 심적 상태에서 비롯되어 움직임 모티프를 변형시키고, 움직임으로 표현하기 위한 기술을 단련하고 발전시켰다.

무용단은 실기훈련을 위해 커닝햄 테크닉을 무용 동작 기술로서 채택하고 있지만 창작에 있어서는 그와 다른 방식을 활용한 것으로 보인다. 단원들은 공연 작품에 따라 새로운 움직임을 발굴하고 표현양식과 기술을 다양하게 모색하고 발전시켜간 것을 알 수 있다.

Ⅳ. 로고현대무용단원의 창작역량과 업적

1. 활동과 업적

단체워크숍과 공연 등을 통해 쌓아온 단원들의 내재 역량과 창작 경험은 교육적·사회적 활동을 하는 데 있어서 큰 힘이 되었다. 단원들은 프리랜서 무용강사로서 문화센터, 무용학원, 유치원, 학교 등지에서 유아발레, 현대무용 실기를 교육하였다. 일부 단원들은 개인무용단(s무용단, m무용단, h무용단 등)의 안무자, 무용수로서의 활동을 통해 자신의 창작역량을 표출하였다. 단원들은 부산지역 단위 또는 전국 단위의 젊은 무용인을 위한 기획공연과 무용페스티벌 등에 안무자 또는 객원무용수로서 참가하여 작품공연을 꾸준히 펼쳐가고 있다. 외부 공연에 참가할 경우 개인무용공연에서 감당해야 하는 시간적·경제적 부담을 줄여서 30분 이상의 한 작품에 몰입할 수 있기에 자신의 창작역량을 유감없이 발휘할 기회로 활용하였다.

한편 k단원 등 일부 단원들은 학교예술강사(https://www.arte.or.kr/business/schoolColtureEdu/instructor/index.do 학교예술강사지원사업 참조 검색일 2025. 5. 14.)로서 부산지역 등지의 초·중·고등학교 현장에서 10년 이상 지속적으로 무용예술강사로서 교육활동을 해오고 있다. (k단원인터뷰, 2024. 12. 24.) 학습 계획서를 작성하고 학교무용 지도자에게 필요한 연수회 참석 등은 무용교육자로서의 자질향상과 담당하는 수업의 질적 향상를 위한 것이었다. 그들의 교육경험은 학교예술강사제도와 학교무용의 교육적 역할이 학생들에게 중대한 것임을 실감하게 하였다. 특히 인격의 완성을 위한 전인교육으로서의 무용교육에 관해 표명하였다.(민족미학연구소 엮음, 2001, p.278)

단원들은 현재까지 개인무용단의 안무자와 출연자로서, 아니면 학교예술강사 또는 일반 학원 및 문화센터 무용강사로서 지속적으로 활동하면서 지역사회의 무용교육과 예술 분야에 영향을 미쳤다. 즉 그들이 갖춘 창작역량 배후의 무용기본기를 비롯해서, 신체적 역량, 안무역량, 구성법의 응용과 활용능력 등의 영향력이 있었다. 더 나아가 단원들 사이의 협력관계에서 비롯된 공동작업과 타 매체와의 예술협력의 경험이 교육 현장이나 융합예술 분야에 접근하는 데에 있어서 그 영향력을 발휘했다.

단원들의 사회활동과 인터뷰를 토대로 로고현대무용단의 부산지역 현대무용계에 남긴 업적을 살펴보면 다음과 같다.

약 10명의 로고현대무용단 단원들이 대구시립무용단 단원으로 입단(주로 1990년대~2000년대)하여 직업 무용수 활동을 함으로써 지역사회 현대무용 발전에 기여하였다. 무용단 활동을 통해 얻은 경험과 지식은 탈단 이후에도 학생과 일반인들의 무용실기교육에 기여하는 데에 도움이 되었다.

문화센터, 복지관, 유치원, 무용학원 강사 또는 학원장으로 활동(s단원 인터뷰, 2024. 12. 31.)하면서 지역사회 무용의 저변 확대와 무용 인구 확대에 기여하였다.

예술강사제도(한국문화예술진흥원, 부산문화재단)에 적극적으로 참여함으로써 교육으로서의 학교무용의 활성화를 위해 현재까지 활동 중이다.(K단원 인터뷰, 2024. 12. 24.)

개인무용단 등의 작품활동 및 출연(K단원 인터뷰, 2024. 12. 24.)을 통해 지역무용단의 질적 향상과 현대무용의 발전에 기여하였다.

2. 무용 가치관

"무용가가 춤 공연을 열기 위해서는 길고 어려운 과정을 거쳐야 한다. 작품을 구상하고, 춤꾼을 모아 연습에 들어가고, 공연장을 마련해야 하는데 여기에 들어가는 시간과 비용이 무척 길고 많다. 그래 놓고서도 정작 무대 위에서 공연을 하는 시간은 한 시간 남짓. 그 시간 안에 얼마나 자신의 작품이 얼마나 창의적이고 절실한 내용을 담고 있는지 증명해야 한다. 따라서 한 무용가가 자신의 공연을 무대에 올릴 수 있는 기회는 한 해에 고작 한두 번이 고작이다."

(조봉권,『국제신문』, 2009. 9. 3.)

창작공연을 준비하는 무용인들이 소요하는 시간과 비용에 비해 발표무대의 기회는 많지 않은 편이다. 로고현대무용단은 조명담당, 의상제작, 무대진행 등의 역할을 분담함으로써 구성원들의 협력 아래 자체적 공연활동을 이어갈 수 있었다.

무용단의 창작과정은 무용이 어떤 예술이고 어떻게 접근해야 하는가에 대해 성찰하게 하였고 단원들의 무용 가치관을 형성하는 데에 영향을 미쳤다. 그 밖에도 학교와 지역사회에 교육과 예술로서의 무용을 보급하는 일에 적극적으로 협력함으로써 지역발전을 위한 무용단의 방향과 역할을 재고할 수 있도록 하였다.

공모를 통해 창작공연단체에 대한 지원이 이루어지는 경우 무용단 자체자금의 부담이 줄어드는 경우도 있지만 해마다 새로운 작품을 무대에 올릴 수 있으려면 제작비용의 부담이 가중되기도 한다.

2010년대까지 단원들에게는 정기공연 등 작품 안무의 기회가 지속적으로 주어졌다. 그러나 안무에 대해 쉽게 접근할 수 없었던 이유 중 하나는 작품구상에서부터 완성까지의 단계에서 겪고 해결해야 할 과정, 완성된 작품에 대한 관객의 반응이나 소통 등에 대해서 예측하기 어려웠기 때문이다. 무용으로 어떤 내용을 전달하려는지, 작품의 어떤 측면에서 관객과 소통하고자 하는지를 팜플릿을 통해 안무의도 또는 작품의도로서 전달하는 것은 문제 해소의 한 방법이 될 수 있었다.

로고현대무용단원들이 보편적으로 갖고 있던 무용 가치관은 실제 무용현장을 통해 파악된 것으로 다음의 요인들과 연관된다. 첫째, 무용실기 면에서 기본기의 중요성. 둘째, 실기훈련을 통한 신체성(운동지각능력, 순발력, 민첩성, 유연성 등 운동수행능력)의 확보. 셋째, 안무법과 구성법의 체계적인 이론연구. 넷째, 작품활동을 통한 안무 경험. 다섯째, 창작경험을 토대로 안무역량과 실기역량 등 내재역량의 향상. 여섯째, 변화하는 시대적 현대무용의 경향에 발맞추어 안무방식이나 소재면에서 새로운 것에의 도전. 일곱째, 작품의 표현하고자 의도하는 바가 관객에게 전달됨으로써 '소통'의 결실을 이루는 것 등이다.

'소통'은 단원들의 무용 가치관을 형성하는 궁극적인 요인이다. 무용의 본질을 움직임에서 찾고 무용의 순수성을 보존한다는 바탕 위에 세계와의 소통을 위해 꾸준히 창작에 임하는 자세가 자리하고 있다.

V. 결론

이 논문은 현대의 시각에서 로고현대무용단의 활동과 업적을 통해 그 시대적 의미를 찾아보기 위한 것이다. 무용단 활동을 토대로 단원들은 창작 의지를 실현할 수 있는 무대 경험을 쌓아 나갔다. 로고현대무용단은 동문 단체로서의 장점을 충분히 활용하였다. 즉 단원들 개개인의 독창적인 창작역량을 존중하고 발전시켜 무대공연으로 이어지도록 하는 계기를 마련하였다.

로고현대무용단의 창작활동은 다음과 같이 요약된다.

첫째, 움직임으로 소통함으로써 무용의 본질을 보존한다.

둘째, 소극장 공연을 활용하여 작품활동의 실험적 특성을 강화한다.

셋째, '학교순회공연'의 기획과 공연에 대한 자발적 참여로서 현대무용의 확산과 대중화, 그리고 현대무용의 교육적 역할과 가치에 대한 사명감을 인식하였다.

넷째, 타 단체와의 협업 및 쇼케이스 공연을 통해 창작의 활기와 의미를 찾을 수 있었다.

다섯째, 작품 양식 면에서 구상과 추상의 절충법에 의존하는 특징을 보였다.

그 밖에 실기훈련을 통해 기본기 이외에 신체성의 확보, 안무법과 구성법의 체계적인 이론연구, 작품활동을 통한 안무 경험의 중요성 인식, 내재 역량의 향상, 안무방식이나 소재 면에서 새로운 것에 대한 도전, 그리고 관객과의 소통이 로고현대무용단의 주요 활동 요인이 되었다.

로고현대무용단이 부산 무용계에 남긴 업적과 시대적 의미는 전문예술성, 대중화, 교육적 역할, 사회활동 등과 관련된다. 즉 첫째로 무용단 활동을 통해 얻은 경험과 지식은 학생과 일반인들의 무용 실기교육에 활용되었다.

둘째, 문화센터, 복지관, 유치원, 무용학원, 초·중·고등학교 등의 무용강사 또는 학원장으로 활동하면서 지역사회 무용의 저변 확대와 무용 인구 확대에 기여하였다. 또한 예술강사제도에 참여함으로써 교육으로서의 학교 무용을 활성화하였다.

셋째, 작품활동 및 출연을 통해 지역 현대무용의 질적 향상과 발전을 도모하였다.

참고문헌

『부산시사』제4권(1991). 부산: 釜山直轄市 부산시사편찬위원회.
Wigman, Mary(1994).『춤의 언어』. 1966. 윤계정 역. 서울: 현대미학사.
민족미학연구소 엮음(2001).『강이문 춤비평론집(1), 한국 무용문화와 전통』. 현대미학사.
양정수(1999).『한국현대무용사』. 서울: 대한미디어.
장정윤(2024). "부산의 현대무용 역사분석-부산무용협회를 중심으로-".『영남춤학회』12 (3). 221-253.
조봉권(2009). "'지금 이곳'을 위한 젊은 춤사위, 로고현대무용단 내일 정기공연".『국제신문』2009. 9. 3. (2009). https://www.nl.go.kr/newspaper/2024. 12.1검색
부산문화재단 아카이브. 문화예술단체 › 공연예술단체 › 무용 › 현대무용 › 현대무용단 로고현대무용단. 2024. 12. 1-31.검색
로고현대무용단 창단공연팜플릿(1990)
로고현대무용단 정기공연팜플릿(2015)
로고현대무용단 학교순회공연#9 팜플릿(2012)
s단원인터뷰(2024. 12. 31.)
k단원인터뷰(2024. 12. 24.)
https://www.mercecunningham.org/
https://www.arte.or.kr/business/schoolColtureEdu/instructor/index.do

EPILOGUE

"자신의 중요함을 탐구한다"

고통 속에서 위대하고 풍성하며 행복했던 베토벤의 인생[*]을 읽고 생각한다. 현재의 신체적 장애가 잔혹하게 느껴질 때, 그의 영혼은 과거에 기대어 고통에 적응하는 시간을 마련한다. 병이 나을 것이라는 희망이 그를 저버렸을 때, 예술만이 자신을 붙들어 줄 것이라는 믿음을 가지고 음악을 삶의 과업으로 삼는다. 베토벤의 내적 삶이나 앎, 자기 통제, 열정과 몽상 등은 어린 시절의 체험들에 의해 세워지고

---

* Romain Rolland, 『베토벤의 생애』, 임희근 옮김, 서울: Phono, 2020.

넓혀진 의미였다. 베토벤이 승자였든 패자였든, 그는 언제나 혼자였다. 어린 시절부터 이상한 힘을 지녔지만, 세상과는 단절된 채 살아갔다. 그에게 예술은 고립과 접합하여 우울에서 벗어나게 하는 마력을 지닌다.

내게는 매 순간의 불안, 나약, 실망 등의 현실적 감정이 매일 일어난다. 새벽 3시에 깨어 삶의 본질을 문득 깨달을 때가 있다. 의문투성이의 절망을 품은 인생을 살더라도, 그 안에 담긴 인간적 의미를 어떻게든 발굴하고 수용할 용기를 내야 한다고 깨닫는다. 배움과 극복, 그리고 자신에 대한 흔들림 없는 신뢰 없이는 용기가 일어나기 어렵다. 오랜 시간의 신뢰와 함께 내 앞에 나타나는 현실은 개선될 거라는 희망을 품게 된다. 삶을 사랑하기 위해, 그리고 세상에서 더이상 방황하지 않기 위한 방향성의 계시를 나는 그런 방식으로 얻는다.

"끝장을 볼 수 없는 고뇌를 향해 다시 걸어 내려오는 것을 본다. 마치 호흡과도 같은 이 시간, 또한 불행처럼 어김없이 찾아오는 이 시간은 바로 의식의 시간이다. (…) 그가 산꼭대기를 떠나 제신의 소굴을 향해 내려가는 순간, 시지프는 자신의 운명보다 우월하다."** 무엇에 대한 열정이 시지프에게 아무것도 성취할 수 없는 일에 자신의 존재 전체를 바치게 했을까? 신에 대한 경멸, 죽음에 대한 증오, 삶에 대한 사랑을 다시 한번 생각해 본다.

** Albert Camus, 「시지프 신화」, 김화영 옮김, 서울: 민음사, 2016.

『이반 일리치의 죽음』[***]을 읽고 나서 많은 것을 생각한다. 우리는 각자의 삶이 어떻게 흘러갈 것인지에 대해 안다. 아니면, 진지하게 생각해 본 적이 있다. 자신의 의도대로 흘러갈수록, 생의 마지막에 대한 그림은 긍정적이다. 그러나 생각처럼 순조롭지 않은 시간은 언제든지 찾아올 수 있다. 그럴 때는 불행하다거나 운이 나빴다는 판단을 하거나, 아니면 무엇이 잘못되었는지 자책부터 하게 된다. 이반 일리치의 불행한 경험은 자신의 의지대로 담담하게 살아가려는 사람들을 각성시킨다. 삶은 그 방식대로 흘러가면서 사람을 복종시키는 힘을 행사한다는 것이다. 처음부터 우리는 어떤 삶을 살겠다는 의지에 앞서, 어떤 삶이 닥치더라도 잘 살아내겠다는 신념이 필요하다. 누군가의 삶의 목표가 명예나 사회적 인정이었든, 풍요와 쾌락이었든, 아니면 자기 충족의 성실한 삶이었든, 앞을 내다볼 수 없고 죽음을 향해 떠밀려가는 삶의 방식을 어떻게든 내 것으로 잘 수용하고 신념으로 견디어 낼 수 있을까를 숙고해야 한다. 질병에서 오는 참을 수 없는 육체적 고통부터 정신적 쇠약까지, 고통은 삶과 함께 진행된다. 누구도 대신할 수 없는 고통과 삶, 그리고 죽음을 향해 가는 삶에서 취해야 할 자세는 자신의 몫이다. 세상 모든 사람이 죽음을 피할 수 없듯이, 고독은 어떤 고통보다도 더 슬픈 얼굴로 그들을 따라간다.

[***] Lev Tolstoi, 『이반 일리치의 죽음·광인의 수기: 레프 똘스또이 중단편집』, 석영중·정지원 옮김, 파주: 열린책들, 2018.

지식의 추구와 창작은 나의 본질과 고귀함을 찾기 위한 길이라고 믿어왔다. 아주 작은 지혜라도, 부단한 계획과 시도를 거쳐 나를 포함한 다른 사람들에게 도움을 줄 수 있다면, 삶의 가치를 높일 수 있음은 확실하다. 내면의 어둠을 밝혀내고, 불신보다는 신뢰로 삶의 환경을 개선해 나가는 방법이 내 삶의 목적이 될 수도 있다. 내 존재의 중심은 특히 마음에 담아둘 특별한 장면을 기다린다. 자신의 삶을 바라보는 신중함은 소란한 삶을 떠나고 싶어하며 조용하다. 지금 여기의 최선을 잊고 지냈던 침묵에 나는 다시 동참하고, 광대한 미래를 열어보기 위해 일찍 잠자리에 든다. 그러면서 조용함이 실패의 표시가 아님을 깨닫고 안심한다. 자신의 중요함을 탐구하는 데 따라오는 고독에는 황홀하고 묘한 매력이 있다.

한 무용인의 사색

초판 1쇄 인쇄 2025년 06월 27일
초판 1쇄 발행 2025년 07월 07일
지은이 장정윤

펴낸이 김양수
책임편집 이정은

펴낸곳 도서출판 맑은샘
출판등록 제2012-000035
주소 경기도 고양시 일산서구 중앙로 1456 서현프라자 604호
전화 031) 906-5006
팩스 031) 906-5079
홈페이지 www.booksam.kr
블로그 http://blog.naver.com/okbook1234
페이스북 facebook.com/booksam.kr
이메일 okbook1234@naver.com
ISBN 979-11-5778-707-4 (03800)

* 이 책은 저작권법에 의해 보호를 받는 저작물이므로 무단전재와 무단복제를 금지하며, 이 책 내용의 전부 또는 일부를 이용하려면 반드시 저작권자와 도서출판 맑은샘의 서면동의를 받아야 합니다.
* 책값은 뒤표지에 있습니다.
* 파손된 책은 구입처에서 교환해 드립니다.
* 이 도서의 판매 수익금 일부를 한국심장재단에 기부합니다.